社会を良くする資本主義を目指して

インパクト投資

IMPACT

ロナルド・コーエン
斎藤聖美［訳］

日本経済新聞出版

インパクト投資

社会を良くする資本主義を目指して

この変革推進の大事なパートナーである妻シャロン、娘タマラとその夫オール、
そして息子ジョニーに本書を捧げる。

社会的投資タスクフォース（2000～2010年）、
ブリッジズ・ファンド・マネジメント（2002年以降）、
未請求資産委員会（Commission for Unclaimed Assets、2005～2007年）、
世界各国のソーシャル・ファイナンス（2007年以降）、
ビッグ・ソサエティ・キャピタル（2012～19年）、
G8社会的インパクト投資タスクフォース
（G8T：G8 Social Impact Investment Taskforce）（2013～15年）、
インパクト投資グローバル運営委員会
（GSG：GlobalSteeringGroup）（2015年以降）、
インパクト・マネジメント・プロジェクト
（IMP：ImpactManagementProject）（2016年以降）、
インパクト加重会計イニシアチブ（2019年以降）
などで共に働く、草分け的存在の同僚たちに、心から御礼を申し上げたい。
みなさんは勇気あふれる戦友だ。インパクト投資革命が今日あるのは、
みなさんのリーダーシップ、努力、そして先見性のおかげだ。
そして、本書の調査にあたり、困難をものともせず
強い意志をもって揺るがぬ支援をしてくれた親しい同僚、
ヤエレ・エスター・ベンダビドにも、
心から御礼を申し上げたい。

読者のみなさんへ

本書刊行の直前、新型コロナウイルスの影響で経済は封鎖された。経済活動が突然動きを止め、失業率は世界大恐慌以来経験したことのないレベルに達し、株式市場は暴落した。経済と金融システムへの負担は、２００８年の世界金融危機を上回るものだ。

世界で、もっとも打撃を受けるのは、今回もまた、社会でいちばん弱い立場にある人々だろう。

本書で取り上げた新しい考え方が、政府を変え、経済に及ぼすその巨大な影響力で社会的インパクトを最大化してほしいと願っている。この深刻な危機への対応を導くのは社会正義に他ならない。危機が去った後にさらなる苦痛、不平等があってはならない。私たちのシステムがもたらす不平等に暴力的な反乱があってもならない。

はじめに

20年ほど前のことだが、エイパックス・パートナーズの13周年を記念するイベントで、私はスピーチをした。この会社は、ベンチャー・キャピタルとプライベート・エクイティの会社で、私は共同創業者として長く経営してきた。そのスピーチで私は、社会に取り残された人々にもっと効果的な形で取り組まない限り、町、国、大陸は富める者と貧しい者とが弾幕で分離されることになるだろうと警告を発した。フランス、レバノン、チリなどの国々では両者を分ける幕の高さがさらに上がり、暴力的な抗議に見舞われている。イギリスでは２０１６年６月の国民投票でＥＵ離脱の決定がなされたが、その一因は広がる不平等にあった。

今日、貧富の格差は大きく広がっている。不平等のせいで貧しい国、とりわけアフリカからヨーロッパの豊かな国に大規模な移動が起きている。彼らはよりよい生活を求めて壊れそうなおんぼろゴムボートに乗り、命をかけて海を渡ってくる。これら移民を受け入れると、受け入れ先の国ですでに存在する不平等格差がさらに深刻化するという問題を引き起こす。

私が本書を書いているのは、その解決策が手の届くところにあると見ているからだ。それを私は「インパクト革命」と呼ぶ。インパクト投資の助けがあれば、危険な不平等と地球環境の劣化に対処することができる。そして、新しいよりよい世界へと私たちを導いてくれるはずだ。

本書を書こうと思ったのは、1998年のこと。私が60歳になる7年後には、社会問題に取り組むために、エイパックスを去り、中近東の紛争解決の一助になりたいと思ったときだ。自分の墓碑銘に「彼は年率30%の投資利益率を達成した」などと書かれたいとは思わない。人生にはもっと大きな目的があると私はずっと思っていた。

11歳のとき、私は家族とともにエジプトを退去させられたが、幸いなことにイギリスが難民として受け入れてくれた。私たち家族はそれぞれ1つのスーツケースだけを持ってイギリスにたどりついた。私は蒐集《しゅうしゅう》した切手を脇の下にしっかりと抱えていた。誰かが取り上げてしまうのではないかとビクビクしていた。私たち家族は新たな土地で暖かく迎えてもらい、ロンドンで新しい生活を築いていった。

私はいくつかの幸運に恵まれた。オックスフォード大学、そしてハーバード大学で最高の教育を受けたのもその1つだ。ハーバード大学で私は新たに出現したばかりのベンチャー・キャピタルに出合った。私はヘンリー奨学金を受けることができ、そのおかげでハーバード・ビジネス・スクールの最初の年の学費を賄うことができた。その奨学金は学業を修めたあと、何か価値あるものをイギリスに持ち帰ることを求めていた。私は、ベンチャー・キャピタルの概念を持ち帰り、そのおかげで２００１年にナイトの称号を与えられた。

お返しをするというのは、私にとって重要な価値観の１つだ。私が必要としていたときに助けてもらったように、他の人を助けたいと思う。私がベンチャー・キャピタリストになった理由の１つは、失業率が高いときに、雇用を生み出す手助けができるとわかっていたからだ。１９８０年代、90年代に社会問題が広がっていくなか、私は何か世の中をよくする力になりたいとずっと思っていた。60歳でエイパックスを辞めれば、その後の20年間この問題に没頭することができ、大きな影響を与えることができるのではないかと願っていた。

私は26歳のときにエイパックスを共同創業し、世界中にオフィスを持つグローバルなプライベート・エクイティへと発展させた。今では、５００億ドル以上を運用するまでになっている。

私は今まで、起業家、投資家、慈善家、そして政府のアドバイザーといったようにさまざまなキャリアを経験してきた。これらの役割を通じて、私は世界を異なる角度から見る機会を得ることができた。この経験から、資本主義はもはやこの地球のニーズに応えるものではない、何か新しい時代を先取りする方法があるはずだと思うようになった。本書で、私は新しい解決策を提案したい。それは誰もが行動に移すことのできるものだ。

今までと同じ生活を続けていくことはもはやできない。先進国でも開発途上国でも、不平等な格差が広がり、社会的緊張が高まっている。社会に取り残された人々は、永遠にそこから這い出せないと感じている。彼らはこの社会制度は公平ではないと感じ、社会に反抗するようになっている。

同時に、環境問題は、生活の質を、いや、生活そのものを脅かすようになっている。現状の経済システムではこの脅威を是正することができない。政府は、人間が作り出した社会・環境問題に対処する手段を持たない。この問題に対処するのに革新的なアプローチを生み出すようにもなっていない。そのプロセスには必然的に高リスクの投資、試行錯誤、そして失敗が伴うからだ。

経済協力開発機構（OECD）に加盟する各国政府は、すでに毎年10兆ドル以上を保健と教育に投じている。OECD諸国の国民総生産（GNP）20％に相当する金額だ。60年前の支出額の2倍になる。政府は予算の制限から、これ以上の支出はできないとしている。だが、まだ十分とはいえない。慈善家が政府の取り組みを支援するとしても、限界がある。慈善団体の寄付は世界全体で毎年1500億ドル。政府の歳出に比べればわずかな数字でしかない。

したがって、新たなシステムが必要であることは間違いない。金融やビジネスの世界の実力者たちもこの必要性を公に認めている。しかしながら現在までのところ、問題分析に多大な時間を費やし、資本主義に代わるシステムを提案するのにはごくわずかな時間しか割いていない。そのために私たちは、身動きがとれない、前進する術がないという思いにさせられてしまうのだ。[*1]

人類はとてつもない進化を遂げてきた。私たちは正解を見つけることができる。機会と結果をもっと公平に分配し、大きな課題解決に有効な方法を提案する新たなシステムに移ることができる。私たちには新しいシステムが必要だ。モラルと健全性の観点から、その新システムでは使命感が私欲を抑制する。人目をひく消費よりも寄付をするほうが格好よく思われる。社会・環境に誠実であろうとする企業のほうが、たんに自社の利益を追求する企業よりも成功する。個人も組織も、お金を稼ぐためだけに努力するよりも、自分を超えた大きな世界の役に立っていると感じることに充実感を感じる。そんな新しいシステムが必要だ。

この新しいシステムこそがインパクト資本主義だ。民間部門が政府と手を携え、調和をとりながら、資本とイノベーションを利用して社会・環境問題を解決する。

過去40年間に民間資本が起業家に資本を提供して技術革命を呼び起こしたように、インパクト資本主義は投資市場から資本を呼び込むことだろう。

この新しいシステムは、社会・環境のインパクトと利益の双方を生み出し、独裁者のごとき利益を脇に押しのけ、インパクトをその隣に置いてチェックさせる。それは、私たちの選好の変化にすでに表れている。私たちは、価値観の合う会社から商品を買うようになってきている。環境汚染、児童労働などをさせない企業に投資をする。そして、社会・環境目標に寄与する企業と働く場面が多くなってきている。

資本主義制度を動かすエンジンは資本である。したがってインパクト投資がインパクト資本主義という新たなシステムを表すことに何の不思議もない。ＩＴ起業家の資金ニーズにベンチャー・キャピタルが応えたのと同様に、インパクト投資は生活を改善し、地球を救おうとするインパクト起業家のニーズに応えるものだ。

インパクト革命はすでに社会的責任、ビジネス・モデル、投資に対する考え方を変えつつある。それは、経済を変え、利益とインパクトが両立するように資本を動かす原動力となってきている。技術革命が20世紀を象徴するように、インパクト投資が21世紀を象徴するものとなりつつあることはすでに明らかだ。

インパクト投資とは連鎖反応を引き起こすことだ。それは5つのステークホルダーにイノベーションをもたらす。このステークホルダーについては、本書のあちこちで触れるが、彼らがこの巨大な社会・環境問題に真剣に取り組むことが極めて重要である。また、その連鎖反応は投資家、慈善家、起業家、社会事業サービス組織、大企業、政府、そして一般市民の考え方と行動を変える。そして私たちが何かを決めるときにはインパクトを中心に考えるようになるだろう。

私がインパクト投資を推進するようになったのは、主に社会的投資タスクフォース（SITF：Social Investment Task Force）での仕事によるところが大きい。この組織は、イギリス財務省の要請を受けて2000年に私が設立したものだ。

2013年の後半、進捗が見られたことから、イギリスのデービッド・キャメロン首相は、私にG8社会的インパクト投資タスクフォース（G8T）のリーダーに就き、「世界の市場で社会的インパクト投資を促進する」よう依頼してきた。ロシアが2014年G8を脱退した後、タスクフォースには、アメリカ、イギリス、日本、フランス、イタリア、ドイツ、カナダがメンバーとなり、オーストラリアと欧州連合（EU）がオブザーバーとして参加した。これらの国から200人以上の人が加わり、8つの国内諮問委員会、そして4つのワーキンググループが立ち上がった。

われわれの作業から驚くべき結論が出てきた。重要な変化が起きつつあることに私たちは気づいた。リスクとリターンに基づいてきた意思決定に、インパクトが重要な第三の要素として加わってきたのだ。ソーシャル・インパクト・ボンド（SIB）は、「企業業績があがり」、しかも「世の中の役に立つ」という新しい投資が出現し、根本的な変化が生じてきたことを初めて示してくれた。

私たちのこの発見は、2014年9月に発行された報告書「社会的インパクト投資——市場の見えざる心」に明確に記されている。この報告書は各界の有力者から支持を得た。フランシスコ教皇は、政府が「効果的な社会的インパクト投資を推進するための国際的な枠組みに早急に取り組み、排他的、排除的な経済と戦っていかなければならない」と強く訴えた。元アメリカ財務長官ラリー・サマーズは、報告書を「一大革新のグラウンドゼロ」と呼んだ。[*2] この報告書は、社会的インパクト投資を世界に広げていく活動開始の号砲となった。

報告書が出るやいなや、イギリス政府はG8Tの仕事をグローバルに拡大してほしいと依頼してきた。そこで2015年8月、私はインパクト投資グローバル運営委員会（GSG）の共同設立者となり、G8Tで始めた仕事を継続するために委員長に就いた。GSGはG8Tの役員メンバーの大半を誘い入れ、さらにブラジル、メキシコ、インド、イスラエル、ポルトガルの5カ国を新たに会員として受け入れた。

初代ＣＥＯ、アミット・バティアの下で、ＧＳＧは32カ国に広がり、参加国の国内諮問委員会に所属する５００人以上のインパクト指導者に参加してもらうことができた。「革新を呼び起こし、煽り立て、組織化する」と同時に、世界中でインパクト投資の進展を推進する力となった。*3

２００７年には、世界で根本的に何かが変わり始めていると私は感じた。社会的投資は次にやってくる大きなうねりであると信じ、初めて著した本『*The Second Bounce of the Ball*（ボールが2回目に跳ねるとき）』［未邦訳］にそう書いた。それから10年以上経った今、インパクトの考え方は、技術革新がもたらしたと同じくらい大きな変化をもたらすだろうと考えている。

50年前に革新的なリスク測定の考え方を取り入れたことで投資行動が大きく変わったように、インパクトの考え方は私たちの投資行動を変えつつある。リスクの捉え方が変わって、多数の異なる資産クラスにポートフォリオをリスク分散するように変わった。このおかげで、ベンチャー・キャピタルや新興市場投資などの高リスク投資から高リターンを得ることが可能となった。インパクト思考は、今や経済を変え、世界を一新しつつある。

私個人にとって、インパクト思考が画期的な進展を遂げたのは２０１０年9月のことだった。そのとき初めて社会的インパクトと運用益とが結びつけられた。最初のソーシャル・インパクト・ボンド（SIB）となった「ピーターバラSIB」は、イギリス、ピーターバラ刑務所から釈放された男性服役者の再犯率に取り組んだ。SIBが出現するまでは、社会問題で測定できるものはないというのが常識とされていた。刑務所に戻らずに済んだ釈放後の人々の生活が改善したかどうか、どのように測れるというのだ？ 192のSIBとデベロップメント・インパクト・ボンド（DIB：開発途上国の抱える問題に対処しようとするSIB）が、32カ国の何十という社会問題に取り組むようになって明らかになったのは、社会・環境の改善結果を運用益と結びつければ、慈善団体のリーダーに投資市場の鍵を手渡すことができるということだ。大きな社会問題を革新的アプローチで解決しようにも資金のなかった社会起業家が資金の自由を得ることになる。

SIBの創出は、今日のインパクト・イノベーションの到来を告げるものだった。1980年代、90年代のソフトウエアやハードウエア・メーカーのように、革新的な「インパクト」組織は、それが非営利の社会事業サービス組織であるか、あるいはパーパス志向型企業であるかを問わず、既存の起業家精神、投資、巨大組織、慈善活動、そして政府の既存モデルに創造的破壊をもたらしつつある。

本書では、インパクト革命が社会や環境をどう体系的に改善していくのか新たな理論を紹介し、その進歩の行方を占う。社会のさまざまなグループに影響を与える傾向をチェックし、グループどうしがどう影響しあって、システム全体を変革するモメンタムを作り出すかを見ていく。

第1章では、インパクト革命、そしてそれを強く推進する創造的思考、すなわちリスク・リターン・インパクトの3つの要素が螺旋《らせん》のようにからみあっている状態（三位一体）を紹介する。それを見れば、インパクト革命は、それに先立つ技術革新と類似していることがわかるだろう。

第2章では、インパクト起業家を見る。若い起業家が人々の生活や地球をよくしつつ、さらに利益も生み出す破壊的事業モデルをどう捉えているのかを見ていこう。

第3章では、投資家の役割を見る。彼らはすでに企業が商品や企業運営にインパクトを組み込むよう推進している。

第4章では、インパクト革命が大企業内部に与える影響に目を向ける。消費者、社員、投資家の選好の変化に影響され、ときには、（第2章で論じる）小規模な競争相手のビジネス・モデルに影響されて、大企業は事業活動や取扱商品に次第にインパクトを組み込むようになってきている。

第5章では、インパクト思考や革新的なインパクト・ツールに対応して出てきた慈善事業の新たなモデルを取り上げる。生活や環境を最大限改善するのに、成果に基づく慈善事業の利用や財団の基本財産の利用を見ていく。

第6章では、インパクトのアプローチやツールは、政府がより大きな問題をより早く解決できるようにすることを詳しく見ていこう。

最後に第7章では、今後どうなるかを描こう。積極的にプラスのインパクトを与えようとしないシステムを持続させるわけにはいかない。そういうシステムは同時にマイナスの結果を生み出し、その是正に政府が莫大な資金を費やすことになる。私たちは、経済の仕組みを変えて、問題ではなく解決を作り出すようにしなくてはならない。何十億人もの命がインパクト革命の成功にかかっている。今ほど、世界を変える機会が明確なときはない。その実現に大きな役割を果たすのは、私たち1人ひとりだ。

経済学者アダム・スミスは18世紀の終わりに、『国富論』で「市場の見えざる手」を論じ、1人ひとりが利益を得ようと努力すればみんなにとってもっともよい結果になると説いた。彼が最初に著した本、『道徳感情論』には、人間は共感と、利他主義から行動する能力を持つことが書かれている。21世紀の私たちが、インパクトを測定しようとしていることを知ったなら、彼はこの2冊の本を1つにまとめて、インパクトは市場の見えざる心が見えざる手を導くものだと書いたことだろう。

目次

第1章

インパクト革命
リスク・リターン・インパクト

インパクトを意識の中心に置く

もはや機能しない古いコンセプトにお金を注ぎ込んでも世界を変えることはできない。私たちには新しいコンセプトと新しいアプローチが必要だ。新しいアイデアを表すために新しい言葉が作り出される。科学的発見であっても経済学であっても、それは同じだ。

インパクトとは何を意味するのだろう? 2007年、イタリアのベラジオ・センターで開催されたロックフェラー財団主催の会議で「インパクト投資」という言葉が、「社会的投資」に替わる言葉として作り出された。いちばん簡単なインパクトの定義は、人類と地球のためになる行動の手段ということになる。害を与えることを最小限に抑えるだけでなく、プラスのインパクトを作り出し、積極的によいものを作り出すことが意味される。それには社会的そして環境的次元がある。

「社会的インパクト」は、個人と地域社会の幸福を高め、実りある人生を送れるようにすることだ。[*1]それは、社会の真の進歩を意味する。若者に教育を与える、空腹な人に食べ物を与える、病人を治療する、雇用を生み出す、貧しい人の生活を支援するといったことだ。「環境インパクト」は、その言葉のとおり。企業の活動や投資が地球によい結果を与えることだ。簡単に言えば、私たちは地球を守って、次の世代に引き継いでいるだろうか、彼らがその恩恵を受け、彼らも同じことをしようとするだろうか、ということだ。

私たちはインパクトを社会の中核とし、経済システムの中心に据える必要がある。現状では、最低限のリスクで可能な限り多くの利益をあげるにはどうすべきかという観点で意思決定をしている。私たちはそれを、もっともインパクトを大きく、リスクを低くしつつ可能な限り多くの利益をあげようという考え方に変えなければならない。

インパクトは社会のＤＮＡに刻み込まれ、三位一体であるリスク・リターン・インパクトの一部として、消費、雇用、ビジネス、投資のすべての意思決定に影響を与える。すなわち、経済の推進力になる必要がある。

この新モデルに従えば、意思決定の際に重要視されるのは社会・環境のためになるかどうかである。後から結果論で考えることはなくなる。だが社会と環境の改善に、この新しい考え方を応用しようとしたら、インパクトを確実に測定できなくてはならない。

現在一般的に使われるリスクとリターンのモデルを私たちは当然のものとして受け入れているが、ずっと主流なモデルだったわけではない。20世紀になるまで、事業主や投資家は、いくら儲けられるかだけを計算して資本配分を決めていた。「リスク」の数量化が正式に導入され、リターンとの関係で見られるようになったのは、20世紀後半のことだ。

リスクは、投資家に損失を与える不利な結果の起こる可能性として定義される。リスクは説明できないコンセプトのように聞こえる。実際、かつては測定不能と思われていた。だが、学問の世界はあらゆる投資に共通な測定基準を標準化する方法を見出した。20世紀末には、誰もが同じような形でリスクを話し、測定するようになった。

リスクの測定は投資家に実に大きな影響を与えた。それにより、ポートフォリオ分散理論が新たに発表され、より高いリスクを持つ新たな資産クラスが登場することになった。そして同時に、運用益を極めて大きく改善した。新しい資産クラスには、技術革命に資金を供給したベンチャー・キャピタル、プライベート・エクイティ、ヘッジファンドなどが含まれる。また、新興市場への投資のような新たな投資テーマを生み出し、グローバル化に資金が回るようになった。

早送りで今日に時計の針を進めたなら、リスクがもたらしたと同様の革命がインパクトによって起きつつあることが見えてくるだろう。投資案件は、ますますプラスとマイナスのインパクトに基づいて検討されるようになってきている。投資家も企業もインパクトを意思決定に組み込むことに関心を持ち始めている。インパクトはリスクよりも測定が難しいだろうか？　いやいや。リスクよりも容易だという見方もできる。世界中の人々がその測定基準を開発しているところだ。

産業革命が、もっと最近では技術革命が世界を変えたように、インパクト革命も同じく世界を変えるだろう。それは、若い消費者や起業家が平和裡に始めた運動である。彼らは再び既存のビジネス・モデルを破壊しつつある。だが、今回は、人々の生活を改善し、不平等を減少させ、地球をよくするためのものだ。

技術革命

私の人生のわずか何十年の間に、新興のテック企業が、長く支配的な地位にあった大企業に取って代わったが、それは驚くべきことだった。アマゾンやアップル、グーグル、フェイスブック（現メタ・プラットフォームズ）のような無名のスタートアップ企業が、わずか30年の間に世界でもっとも重要な企業上位30社の仲間入りをするほど急成長を遂げた。[*2]起業家たちが彼らの才能と意欲で古い問題を解決する新たな方法を見出し、極めて重要な新技術に先鞭をつけ、現代社会を新たに形作っていった話は誰もが知っている。

もちろん、このようなブレークスルーは、1人で起こせるものではない。技術革命の規模とスピードをもたらした主因は、1つには、今や1兆ドル規模になったベンチャー・キャピタル資金がいつでも使える状態にあったことだ。ベンチャー・キャピタルで働いているんだ、と話しても、50年前だったら、ぽかんとされるのがオチだっただろう。

第2次世界大戦後に考案されたベンチャー・キャピタルは、1970年代、80年代にシリコンバレーに足掛かりをつかみ、小規模な高成長テック企業に投資するアイデアが受け入れられるようになるとグローバルに広がっていった。早期に活躍した起業家には、技術的な創造力があっただけではない。彼らのビジョンを具現化すれば利益をあげられると投資家を説得する能力があった。投資家はリスクの脅威と潜在的なリターンの間でバランスをとりながら、利益で成功度を評価する。投資家は彼らを深く信じ、思い切って初期段階のテック企業に投資決定をしたのだった。

1980年代のはじめ、私もその1人だった。私が共同設立した会社、エイパックス・パートナーズは新しいアイデアを持つ500ほどのスタートアップ企業に投資をした。どの企業もその分野で消えることのない足跡を残す意気込みだった。投資先の1社にPPL

セラピューティクスがある。世界初のクローン羊「ドリー」を生み出した会社だ。他にもアップル、AOLなどがある。

私がベンチャー・キャピタリストになった理由は、1つには、経済的に成功しつつ、社会にインパクトを与えられると思ったからだ。エイパックス・パートナーズは何百人もの起業家を支援してきた。その過程で起業家たちも豊かになったが、同時に社員やコミュニティも豊かにしてきた。彼らはハイテク産業から、消費財、メディアに至るまで、さまざまな新分野で多くの雇用を生み出している。お金を稼ぐ手段と雇用を新たに創出することは、人々の生活を改善し、社会全体の質を向上させることだと私は信じている。

だが時の経過とともに、貧富の格差が広がってきた。益を生み出すより害を与える企業が出てきた。経済ピラミッドの底辺にいる多くの人々にとって、社会はよくなるというより、悪くなってきた。イギリスは、セーフティネットを提供する福祉国家に変わりはないが、貧困は大きな問題のままだ。貧しい人たちにビジネス・チャンスを与えようという試みはうまく広がらなかった。それは世界の他の地域でも同様だった。アメリカではテック産業が新たに6000万人以上の雇用を創出したが、社会経済格差は広がる一方だった。

問題は、需給バランスにあった。テクノロジー関連の仕事は高度の教育を必要とし、新しいスキルが求められるから、人材の供給は少ない。人材を獲得しようと企業は競って技術者の給料を上げた。低成長産業では給料が下がり続けた。グローバリゼーション、労働者を入れ替えたテクノロジー、株式資本の流入と低金利などがあいまって、トップ1%の富裕層が受け取るリターンを上昇させた。そして、有能な人材獲得競争が追い打ちをかけ、富める者をさらに裕福に、貧しい者をさらに貧困へと追いやる最悪の事態となった。

2000年には、このモデルは欠陥だらけの社会を作り出すことが明らかになった。技術革命は信じがたいほどの富を作り上げ、多くの恩恵を社会にもたらした。だが、大きな社会・環境問題は世界を悩まし続けた。いくつかの点では、状況はさらに悪化している。絶えず天然資源を消費することで地球温暖化を招き、野生生物を減少させ、壊滅的な山火事や洪水を招き、人類の生存に欠かせない生物多様性が破壊されている。

私たちがこれらの問題を解決しなければ、最悪な結果になる。だから新たな革命的思考が必要なのだ。私たちは社会と環境の難題に新たな解決策を必要としている。気候変動のせいで移住を余儀なくされる人が出るなど、2つの問題は1つになりつつある。だが、大胆な解決方法をどこに求めればよいのだろう？　政府も民間部門も、すぐさま必要とする解決策を大規模にもたらすことができないのなら、答えは経済システムの変革にあると言えるのではないか。

インパクトの誕生

私は、企業、投資家、起業家の利害と、政府、非営利組織（NPO）、慈善家、そしてインパクト志向型組織の利害を調整して、生活と環境を改善するために協力して働くようなシステムが必要だと認識するようになった。だが、それはどんなものなのだろう？　その答えは実に単純なものだった。社会的イニシアチブは投資と結びつかなくてはならない。そうすれば、起業家はパーパス志向型企業や慈善団体に資金を調達できるようになる。起業家精神旺盛な人材とイノベーションとを利用して、古い問題に新しいアプローチで取り組むことができるようになる。

投資資金を得て、テック起業家が変化をもたらしたように、インパクト起業家も時代の喫緊の課題を克服して進歩を遂げることだろう。大きな社会・環境問題に正面から取り組むには、投資のアプローチを少し変えなければならない。投資は、経済システムを動かす燃料だ。投資家にアピールするためには、まず、彼らの目を通じて世界を見るといい。どういうことかと言えば、利益とインパクトに焦点を当て、測定可能な成果で成功を評価することだ。

社会問題を、私たちのコミュニティに投資する機会と捉え直す。そうすれば魅力的なリターンを生む可能性が生まれ、たんなるお金稼ぎに才能と資金を投じていた人たちを引き付けることができる。

2002年、元エイパックスの同僚だったフィリップ・ニューボロー、社会的投資タスクフォース（SIT）で私の右腕となってくれたミシェル・ギデンズとともに、私はブリッジズ・ファンド・マネジメントを共同で設立し、ベンチャー・キャピタルをイギリスのもっとも貧しい人たちに投入することを始めた。それはシンプルなものだった。イギリスでもっとも弱い立場にある人たちの生活を改善する意図で、イギリスの最貧地域25%に所在する企業を支援するというものだった。私たちは投資を通じてインパクトを与えたかった。そこで投資家のように考え、測定可能なインパクトを生み出しつつ、年率10〜12%のリターンをあげる方法を見つけようと乗り出した。

18年が経ち、ブリッジズは、10億ポンドを上回る資金を集め、平均17%（年率）のネット・リターンを達成した。そしてここが重要なポイントだが、同時に大きなインパクトを与えることができた。2017年1年間だけを見ても、質の高い介護を130万時間、医療サービスを4万人に提供し、3万トン以上の二酸化炭素排出量を抑制した。直接2600人の雇用を創出し、2600人以上の子供たちの学業成績向上に尽力した。[*3] 私たちの投資を通じて、わが国で最高のインパクト事業の規模拡大のお手伝いができたのだ。

イギリス政府は、ブリッジズの最初のファンドに2000万ポンド（2660万ドル）出資して支援してくれ、民間からの出資を募集しやすくしてくれた。イギリス政府は2008年にも、また別の重要な社会的イニシアチブでも手を差し伸べてくれた。それは、それより3年前に私が設立した「未請求資産委員会」の提案に従ったイニシアチブだった。労働党政府は銀行の休眠口座に寝ている資金を3つの社会目的に使えるようにする法律を通した。[*4] 1つは社会的投資銀行の設立。これは社会的投資タスクフォースが2000年に提唱したことである。そして、若者支援、金融包摂（訳注：すべての人々が、経済活動のチャンスを捉えるため、また経済的に不安定な状況を軽減するために必要とされる金融サービスにアクセスでき、またそれを利用できる状況）の3つだった。

4年後、この資金から4億ポンド（5億3200万ドル）出し、イギリスの大手銀行4行が支援して積み増してくれた2億ポンド（2億6600万ドル）の資金で、ビッグ・ソサエティ・キャピタル（BSC）を設立した。これが世界初の「社会的投資銀行」である。2012年4月、ロンドン証券取引所でデービッド・キャメロンが開業を宣言した。それ以降、BSCは慈善団体が規模を広げ、革新するように投資して大きな後押しをしている。

現場でのインパクト

初期段階で成功を収めたことに勢いをつけ、私は慈善家デービッド・ブラッドとスタンリー・フィンク卿、シグリッド・ラウジング、フィリップ・ヒュームの協力を得て、2007年にイギリス初の社会的投資顧問会社ソーシャル・ファイナンスを設立した。主なミッションは社会的起業家と投資資金を結びつける方法を考え出すことだった。

私たちは金融や社会事業部門から若く才能のある人材を採用しようと乗り出した。3年目が終わるころには、チームは18人に増え、会長にバーナード・ホーン（元ナショナル・ウェストミンスター銀行取締役）が就き、デービッド・ハチソン（元ドレスナー・クラインオートの英国投資銀行部門責任者）がCEOとなった。

2009年の後半、チームのトビー・エクルスとエミリー・ボルトンの2人が私のオフィスにやってきて、服役者の再犯率を減少させる方法について話してくれた。世界各地で、再犯率は信じがたい数字だった。60％もの若年服役者が釈放後18カ月以内に刑務所に戻っているのだ。[*5] この統計はマイナスの連鎖反応を起こしていた。もし再犯率を減らすことができれば、悲惨な状況は回避され、家族が一緒に暮らせるようになり、犯罪率が低下することを想像してほしい。もちろん、政府支出もかなり節約できる。

トビーとエミリーは、再犯率の低下と投資家へのリターンを結びつけたらどうか、すなわち社会問題解決の達成度に応じて投資家にリターンを支払ったらどうか、と提案してきた。再び犯罪に走らない釈放者数の増加に応じて投資家は支払いを受けるということだ。これは、画期的な新しいアイデアだった。

私は、ベンチャー・キャピタルがスタートアップの成長に資する資金を投資家から集めるやり方にヒントを得た。トビーとエミリー、デービッド・ハチソンと協力して、私たちは社会サービスを提供する慈善団体（charitable social delivery organizations）に投資をする手段としてソーシャル・インパクト・ボンド（ＳＩＢ）を設計した。

ＳＩＢがどう機能するかを説明した提案書を携え、私たちは法務大臣ジャック・ストローに面会した。再犯率の低下に応じて法務省が投資家にリターンを支払うことに同意してくれれば、服役者のために社会事業を行う慈善団体に数百万ポンド規模で資金調達すると申し入れた。その目的は、利益志向で創意工夫に富む社会的起業家と投資家の資金を活用して、手ごわい社会問題を解決することだった。

このアイデアを聞いたジャック・ストローは、テーブルをバンと叩き、笑顔で部下の役人たちにこう言った。「まったく初めてのことをするべきではないとわかっているが、これはやるぞ！」。だが、犯罪を予防することが、なぜよい投資になるのか？　なぜなら犯罪はものすごく高くつくからだ。政府は毎年何百万ポンドを投じて犯罪と戦い、刑務所に犯罪者を送りこんでいる。いったん収監したら、服役者に住む空間と食事を与えなくてはならない。もしわれわれの努力で政府が支出を減らせるのなら、投資家と、その出資先の組織は節約された金額の一部をもらえる。生活は改善し、政府は支出を減らし、投資家はそこそこの利益を手にできる。これは三方よしの状況だ。

実際に行動する組織と投資家の観点から社会問題を見ることで、私たちはソーシャル・インパクト・ボンド（ＳＩＢ）を、社会起業家が民間の投資資金を使って社会の進歩を加速するツールとして設計できた。

ＳＩＢの重要性を最初に認めたのは、チャールズ皇太子だった。ピーターバラＳＩＢが発表されてから間もなく、私は彼から手書きの手紙を受け取った。ＳＩＢの発足を歓迎し、彼が常に心を痛めている社会問題に取り組む慈善団体に資金が回ることを喜んでいるとのことだった。彼のような献身的な慈善家からこのような言葉をいただいて、私たちは大いに勇気づけられた。

ソーシャル・インパクト・ボンド

ＳＩＢには3種類のプレーヤーが関与する。成果購入者、社会サービス事業者（ＮＰＯであることが多いが、パーパス志向型企業の場合もある）、そして投資家の3者だ。社会的投資顧問会社ソーシャル・ファイナンスのような財務アドバイザーがSIB案件を組成し、実行することもある。そして、独立した評価者が達成された成果を監査人のように検証する。

SIBは、アメリカではPFS（Pay For Success：成果連動型民間委託契約）、オーストラリアではSBB（Social Benefit Bond：ソーシャル・ベネフィット・ボンド）、フランスでは、SIC（Social Impact Contract：ソーシャル・インパクト・コントラクト）として知られているが、普通の意味での「債券《ボンド》」とは異なる。実際のところ、それは成果に基づく契約で、決められた社会事業分野で何らかの達成を目的とする組織と、その成果に支払いをする「成果購入者」との間の業務委託契約ということだ。そして、社会問題に関心のある投資家が、所期の目的達成のために資金を提供する。したがって、成果購入者には財務リスクはない。

もし、契約で取り決めた目標に達しなければ、投資家は損失を被る。慈善団体への寄付と、事実上同じだ。他方、目標を達成すれば、投資家は投資を回収できる。リターンは成果に応じて増加する。

達成された成果に資金を出す成果購入者は、そのプロジェクトを通じて望んでいた社会改善を実現させ、投資家にお金を払う。通常その役割を果たすのは政府だが、公的支援団体や慈善団体の場合もある。彼らは、SIBをまとめる金融仲介業者、あるいは社会サービス提供組織と直接協力して働き、目的、スケジュール、成果連動額などを取り決める。彼らは、前もって設定された成果が達成されたときにだけ、投資家に支払う。

社会サービスを直接的・間接的に提供する組織（ＮＰＯもしくはパーパス志向型組織）にとって、このシステムはいくつかの利点がある。多額の資金を最初に与えられるから、何をすれば最善の結果が達成できるかを考え、試したり革新的に運営したりする柔軟性を得ることができる。

これまで社会サービス提供組織は、活動内容で評価されてきた。資金の出し手である慈善家は、服役者向け更生プログラムの受講者数や服役者向け教育の時間数などの数字を見て、その社会サービスの成功度合いを測っていた。

対照的に、活動内容ではなく成果に焦点を合わせると、慈善家は再犯率の低下に着目することになる。結局、どれだけ多くの服役者が更生プログラムに参加しようと、再犯率が下がることのほうがずっと重要だ。このように評価軸を変えると、社会サービス提供組織はもっとも重要な目標に焦点を当て、目標達成のために新たなもっと効率のよい新たな方法で協調するようになる。

イギリスの再犯率減少を狙ってソーシャル・ファイナンスを設立したとき、前述のＳＩＢを組成した。私たちに投資をしてくれたのは、イギリスのエスミー・フェアバーン財団やアメリカのロックフェラー財団など、17の慈善財団だった。

私たちはイギリス政府の官僚と会い、契約に持ち込んだ。500万ポンド（670万ドル）を調達して、ピーターバラ刑務所の服役者に社会サービスを提供していた慈善団体に資金を提供した。今後5年から7年以内の再犯率が7・5％未満の減少なら、投資家にリターンはない。しかし、再犯率が7・5％以上の減少なら、政府は初期投資額を支払い、さらに減少率に応じて利子を支払う。この取り組みのもっとも重要なポイントは、政府に請求されるのが、再犯減によって節約される裁判費用や服役者へのコストの30～50％だという点だ。投資家に資金を払い戻しても、まだ予算を消化するところまではいかない。また、投資を回収した慈善財団は、その資金を他のインパクトを生み出すプログラムに再投資できる。そして社会サービス提供組織は事業資金を受け取り続けられる。

ピーターバラSIBは、再犯で有罪判決を受けた人の率を9・7％減少させ、投資家に元本プラス年利3・1％の利子を支払うことができた。生活は改善され、政府は裁判や刑務所のコストを軽減し、投資家は利益を得た。SIBのおかげで、社会進歩に果たす金融の役割を新たな目で見ることができるようになった。

すでに慈善家が同じことをしているという人がいる。部分的には正しい。私たちが協力してきた慈善財団には服役者更生プログラムにお金を出しているところもいくつかある。

だが私たちは彼らを共同出資者としてとりまとめ、具体的かつ測定可能な目標に絞って資金を集中させた。すると、服役者にとって有益な仕事をしていた社会サービス組織にもっと資金が回るようになり、運営規模を拡大できるようになった。

私たちはこれらの社会サービス組織を1つのグループにまとめ、相互連携できるように調整した。最後に、私たちの投資家である慈善財団が投資資金を回収するお手伝いをした。回収するのにとどまらず、多少運用益を得て、お金を再投資に回せるようにした。このモデルは、もし広く適用されれば、NPO、企業、政府、いずれであっても、社会問題に取り組もうとしている人たちに大きな可能性をもたらす。

社会事業分野に意味するところはとてつもなく大きい。イギリスだけをとっても、80万人から100万人の人が非営利部門で働いている。イギリスの慈善財団の資産はおよそ1000億ポンド（1330億ドル）である。[*6] ヨーロッパでは1100万人が非営利組織で働いている。アメリカでは900万人から1000万人が170万もの慈善団体で働いている。アメリカの財団が所有する資産は8500億ドル。[*7] だが、これだけの資金があるにもかかわらず慈善事業を行う組織は常に資金不足で、規模拡大に成功する組織は数えるほどだ。

ＳＩＢがグローバルに

最初のＳＩＢが成功して、根深い社会問題であっても民間資金を動かして取り組むことは可能だということが示された。元イギリス首相、ゴードン・ブラウンが言ったように、ピーターバラＳＩＢは「社会改革に投資されている何億ドルもの資金のお手本」となった。[*8] そして、まさにそれは世界中にＳＩＢを発展させることになった。

アメリカでは、私の親しい同僚、トレーシー・パランディアンがＳＩＢのリーダーシップをとった。私が彼女に初めて出会ったのは、イギリスでソーシャル・ファイナンスを設立した直後だった。ハーバード・ビジネス・スクールの１００周年記念行事に出席したときだ。私は、元アメリカ財務長官ラリー・サマーズやマイケル・ポーター教授と一緒に、社会問題に対して民間投資が果たせる役割について討論した。

トレーシーもハーバード・ビジネス・スクールの卒業生で、その場にいた。私たちはパネル討論であげられたアイデアについて話した。それから3年後、ピーターバラＳＩＢを組成した後だが、ソーシャル・ファイナンスをアメリカに広げたいと私は強く思っていた。金融イノベーションは世界のどこよりも早くアメリカで根付く。私はトレーシーに電話をかけ、デービッド・ブラッドと私と一緒にソーシャル・ファイナンスＵＳの共同設立に参加しないかと呼びかけた。そして2011年の初めにそれが実現した。彼女のリーダーシップのもと、アメリカは世界のどこよりも多くの投資を引き付けるようになり、最大のSIB市場となった。

SIBへの評価は高まり、2016年にはイギリス政府がSIBプログラムの成果連動額支払いのための最初の公的アウトカムズ・ファンドとなるライフ・チャンス・ファンド（LCF）を8000万ポンド（1億640万ドル）規模で創設し、SIBへ深く関与していく姿勢を示した。[*9] LCFは社会でもっとも恵まれない人を助けるSIBを組成するために使われ、成果連動額のおよそ20％を負担する（残り80％は地方自治体が支払う）。

さて、アウトカムズ・ファンドとは実際どういうものなのか？　ピーターバラSIBに戻って考えよう。プログラムが成功して投資家に支払われるお金は、法務省に代わってアウトカムズ・ファンドが支払う。慈善家は、自分でアウトカムズ・ファンドを作ってもいいし、第三者のアウトカムズ・ファンドに参加して、支援する組織のミッション達成力を増強するようにしてもいい。たとえば、GSGは教育レベルを改善しようとする2つの教育アウトカムズ・ファンドに10億ドル拠出して、運営している。1つはアフリカと中近東にあり、ゴードン・ブラウンを委員長とするエデュケーション・コミッションとパートナーを組んでいる。もう1つは、インドにあり、イギリス・アジア・トラストが最近設立した小規模なアウトカムズ・ファンドと一緒に運営している。

今や32カ国で192のSIBとDIBが発行されており、何十かのさまざまな社会問題に取り組んでいる。DIBは新興国を対象とするが、SIBと仕組みは同じだ。ただし通常、成果購入者となるのは、政府と援助団体、慈善家の連合体である。SIBもDIBも、社会・環境問題を投資機会と定義しなおすことで大きな力を発揮している。投資家にとって、SIBやDIBは株式市場や金利と連動して変動しないため魅力的な新しい資産カテゴリーとなっている。成果購入者にとって、SIBやDIBの成果連動契約はよりよい結果をもたらしてくれるものだ。活動に対して支払う従来型契約よりも、成果のある活動とない活動をはっきりと浮かび上がらせるからだ。

SIBとDIBは、「リスク」「リターン」「インパクト」の3者の関係がもっとも純粋な形で現れるものだ。SIBとDIBは、意思決定がリスク・リターンではなく、リスク・リターン・インパクトによって行われる新たな経済システムへの大きな変化の一部である。そしてまた、社会問題に介入することで生じるインパクトが測定可能であることにも気づかせてくれる。

インパクトは測定可能で企業間で比較できるという認識が広がり、すべての意思決定を変えつつある。比較が可能になったおかげで、企業は消費、雇用、投資に関するどんな決定をするにも、プラスのインパクトが出せるかどうかを考えるようになってきた。これがインパクト革命である。

インパクトを測定し評価する

インパクトを測定することで行動にはずみがつく。２００８年、北京のアメリカ大使館が大気汚染測定器を屋根に設置すると決めたとき、何が起きたか考えてみよう。それは、大気汚染状況が悪いときには屋内に留まるように大使館員に勧告するためのものだった。測定器は大気汚染状況を毎時間自動でツイートしたのだが、これが数値を改竄して状況をよく見せていた中国政府に対する圧力となった。２０１３年までには、中国政府は都市部における大気汚染の深刻さを認め、汚染物質削減に何千億ドルも投じることになった。[*10]

投資家と企業の行動を変えるには、企業が社会や環境に与えるプラスやマイナスのインパクトを誰もが簡単に理解できる形で測定することが必要不可欠だ。なかでも、元アメリカ副大統領アル・ゴアは、気候変動への取り組みの一環として、何十年も企業が生み出してきた「外部性」を測定するよう主張してきた。だが企業のインパクトを測定してまとめる信頼できる方法がいまだに出てきていない。

もし、インパクト投資を社会変革に向けた宇宙船として見れば、インパクト測定はナビゲーション・システムと言える。それは変化をもたらし、新たな規範を打ち立ててくれるだろう。とはいえ、広く利用されるインパクトの測定基準を作り出すには、インパクトをどう考えるか、根本的に考え直す必要がある。あまりに長い間、私たちは不正確で一貫性のない方法で評価してきた。

現在、世界にはインパクト評価を行う組織が150以上あり、それぞれが違った観点でインパクトを測定しようとしている。[*11] 会計事務所も持続可能性の問題に注目するようになり、彼らの業務にどうかかわってくるのかを考えるようになってきた。実際、利益を測定するのと同様にインパクトを測定・評価する標準化された手法が強く求められているのだ。

インパクト測定でもっとも可能性が高いと思われるのは、インパクト加重会計イニシアチブ（IWAI）である。これは世界中でインパクト投資を推進しているインパクト投資グローバル運営委員会（GSG）と、インパクト投資の関係者2000人で組織するインパクト・マネジメント・プロジェクト（IMP）、ハーバード・ビジネス・スクールの協働プロジェクトだ。IMPは、2016年にブリッジズ・ファンド・マネジメントによって設立され、クララ・バービーがトップに就き、インパクト測定基準の統一を図ろうと努力している。

IWAIのCEOはジョージ・セラフィム。ハーバード・ビジネス・スクールで会計を教える教授で人を奮い立たせる力がある。私はそのリーダーシップ諮問委員会の会長を務め、クララ・バービーが副会長を務めている。ＩＷＡＩは学会、企業、投資、会計の分野で世界的な著名人が一緒に働く場になっている。その斬新なアプローチは企業が作り出すインパクトを通常の財務会計に取り込む点にある。企業が作り出すインパクトが、利益と同様、企業価値に直接影響するようなフレームワークを作り出すことが目的だ。これについては、第４章でもう少し詳しく見ていく。

インパクト測定の大きな利点は、企業が社会貢献事業を行っていると虚偽の主張をする「インパクト・ウォッシュ」のモラル・ハザードを阻止するところにある。今日、マーケティングの一手段くらいのつもりで、社会にインパクト貢献していると主張する企業もある。きちんとインパクトをビジネスや投資の意思決定に組み込むには、信頼できる形でインパクトが測定されなくてはならない。

政府の役割

ビジネスと投資家に対し、統一された測定基準に則って活動のインパクトを測定し、報告することを徴求できるのは政府だけである。この章で前述した服役者の再犯率を減少させるプロジェクトは、イギリス政府の歳出削減額で成功度を測定した。

このような考え方を一般的にするために、イギリス政府は「ユニット・コスト・データベース」を2014年に発表した。これは犯罪、失業率からホームレスに至るまでイギリスが抱える600以上の課題の推定単位コストをまとめたものだ。これによって、インパクト投資が与えるメリットを少なくとも部分的には信頼のおける形で貨幣価値化することが可能となった。地方自治体、慈善団体、社会的起業家が、成果に基づく契約やSIBの発行条件を決める情報として利用している。[*12]

ポルトガルのようにイギリスにならった政府がある一方で、世界中で社会問題にかかるコストを貨幣価値化しようという独自の努力がなされている。その一例はグローバル・バリュー・エクスチェンジ（GVE）だ。これは3万以上のインパクト測定指標を収録したクラウドソーシングによるデータベースで、ユニット・コスト・データベースと同様に単価が検索でき、貨幣価値化に使える。[*13] たとえば、イギリスにおける失業中のホームレス1人の年間コストが計算できる。給付される手当と、支払われない所得税や国民健康保険の保険料、そしてその人が経済生産に従事しないことによる損失を足し合わせればいい。[*14]

私たちが今最優先にすべきことは、それぞれの社会問題に標準化された測定基準を確立することだ。それがあれば、異なる施策のインパクトを比較できるようになる。目的は、1つのインパクトを測定するにとどまらず、団体や各種のイニシアチブが作り出すすべての重要なインパクトを測定することだ。

官民を問わず、すべての組織はインパクトを作り出す。今こそ、それを信頼できる形で測定し、明確に評価し、世界中でよりよい意思決定が行われるようにするときだ。インパクトを適切に測定し評価するようになれば、投資家も企業も、インパクトを意思決定に取り入れることが習い性となるだろう。やがて、すべての投資がインパクト投資になることだろう。

今後の動き

起業家や投資家が率先するリスク・リターン・インパクト最適化への転換は、私たちの経済における資本の流れを変えるという、強く求められてきた変革をもたらす。まとまった規模で深刻な社会問題や環境問題に取り組むには、金融システムにある200兆ドルの投資資産から資金を引き出す以外に方法はない。

インパクト革命が起きているという確たる証拠は、消費者、社員、投資家のあいだに、とある認識が広がっていることからも見て取れる。それは、企業は株主のために働くのではなく、消費者、社員、コミュニティ、環境のために奉仕する責務があるということだ。インパクトは誰にとっても重要なミッションだ。リスクの考え方がベンチャー・キャピタルを生み出し、ＩＴ企業への投資を増加させたときと今は同じ状況だ。違うのは、今回はインパクトの考え方がインパクト投資を増やし、世界の投資を変えつつあるという点だ。
この変化は、70カ国以上にまたがる２６００人の投資家が90兆ドル超の資産を責任投資原則（ＰＲＩ）に署名したことに見て取れる。[*15] ＰＲＩは、署名した人たちが責任ある投資をし、維持可能なグローバル金融システムを作り上げることを奨励するものだ。ＰＲＩは国連が２００６年に設定したものだが、これに署名した人は、投資判断時に、社会と環境の問題を考慮することに同意している。それは、ＥＳＧ（環境・社会・ガバナンス）改善を対象にすでに31兆ドルが投資されていることからもよくわかる。
世界最大の資産運用会社ブラックロックのＣＥＯ、ラリー・フィンクが２０１８年に発表した書簡にこれが反映されている。彼は、「社会が求めているのは、官民を問わず組織が社会目的に貢献することだ」とし、「将来の繁栄のために、あらゆる組織は財務的な業績を達成するのみならず、社会にどのような貢献をするかを示すべきである」と書いた。[*16]
この変化は、投資、企業経営、資金使途に実に目覚ましい結果をもたらす。私たちの経済は、何十億人もの生活と地球に変革をもたらすインパクトを作り出すように変わっていくだろう。インパクト革命は、消費者や起業家、投資家、企業、慈善家、政府が具体的で測定可能なインパクトを生み出せるようにする。リスク・リターン・インパクトが意思決定の中心に置かれ、経済システム全体を変えるようになる。

現状の経済システムはマイナスのインパクトを生み出し、問題の解決を政府と慈善家に任せている。このシステムはできてから2世紀以上経っている。私たちの抱える問題は変わった。だから、私たちのそれに対する反応も変わってしかるべきだ。

私たちの思考は進化し、リスク・リターン・インパクトを三位一体で考えるようになった。それが手段にも革命を生じさせ、目の前の問題解決のためにインパクト投資を使うようになった。次章から、起業家や投資家、企業、慈善家、政府は何をしてきたのか、そして、インパクト革命を加速させるには、彼らが次に何をすべきかを見ていこう。

第2章 インパクト起業家の時代

儲けつつ、社会によいことをする

社会のためになんて考えずに、できるだけたくさんのお金を稼ぎ、お金ができたら寛大な慈善家になり、社会のためになることに多額のお金を寄付すればいい。こんなことを聞いたことがあるのではないか。これは長い間通用してきたモデルだ。だが世の中は変わりつつある。インパクト起業家は、人生をどう生きるか、もっとよいモデルを示してくれる。そして、社会のためになることをしながらお金を稼ぐことは可能だと示してくれる。

それでは、もっとよい社会を目指して起業したいが、どこから始めたらよいかわからないという起業家の卵にこれはどういう意味を持つのだろう?

ワクワクするようなイノベーションには、疑問ばかりで答えが見つからないところから始まったものがある。「世のために、私のスキルをどのように使えばよいのか？」「どうすれば利益をあげつつ、インパクトを作り出すことができるのだろう？」「そろそろ起業するときだろうか？」といった疑問だ。

私は、26歳のとき、後にエイパックス・パートナーズとなる事業を始めた。もっと経験を積んでから独立したほうが賢いやり方じゃないかという友人が何人かいた。私は、「砂浜で練習しても泳げるようにはならないよ」と答えたものだ。当時、ベンチャー・キャピタルという新たな分野では、飛び込んで他の人よりも早く経験を得ることがいちばんだった。同じことが今日のインパクト・ベンチャーにも言える。

若い起業家はインパクト目的の事業を新たに作り出し、消費者に役立つようにし、人々の生活を改善し、地球を守ろうとしている。IT革命と同様、この動きを引っ張っているのは、野心に燃える若い起業家だ。リスク・リターン・インパクトの考え方に刺激を受け、新たな資金の後ろ盾を得て、若者たちは、会社に勤めているか、MBAをとろうとしているか、シリコンバレーの研究所で働いているかはともかく、先輩がしてきたような害を生む仕事を拒絶し、インパクトに全力を注いでいる。ユニコーン（企業価値が10億ドルを超えるスタートアップ企業）を築こうという夢は考え直されるようになった。なぜ若い起業家は

「インパクトのユニコーン」を作り上げ、同時に10億人の生活を改善しようとしないのだろう。

利益も求めるパーパス志向のインパクト・モデルが賢明な選択になりつつある。抑えきれない良心の呵責によるだけではない。それにはいくつもの理由がある。1つには、商品やサービスを十分に得られない人々に供給することでビジネスは巨大な需要を喚起することができ、通常の市場で高い価格帯で販売する企業よりも早く成長する機会が得られる。

社会問題に意識の高い企業は、将来政府が課すかもしれない炭素税のような罰則的税金のリスクを回避できる。さらに、消費者、社員、投資家は社会に害を与える企業を遠ざけ、社会をよくする企業を受け入れるようにますます変わってきた。ある財界の大物が、2頭の馬に乗ることはできない、お金を稼ぎながら社会のためになることをするのは不可能だ、と言うのを聞いたことがある。この章で紹介する事例は、いや、2頭の馬にまたがることは可能だということを示す。社会によいことをしながら、うまく事業で利益をあげることは可能だ。インパクト・ベンチャーを始めるのは、成功する確実な方法だ。

パタゴニア、TOMSシューズ、ワービー・パーカーなど、道を切り開いたインパクトの先駆者はよく知られている。この章では、もっと最近、異なる方法でインパクト・イノベーションを起こした企業を紹介する。その分野はテクノロジーからヘルスケア、農業から消費者向け商品まで幅広い。多くは新たな法的枠組みや認証の恩恵を受け、世界中でインパクト起業家の支援組織に助けられている。

総合すれば、次にあげるベンチャーは、インパクトが経済のすべての分野を変えられることを示している。彼らは、財務的リターンと社会的リターンは両立できることを示してくれる。これらの企業はインパクトがあるにもかかわらず収益をあげることができたのではなく、インパクトのおかげで収益をあげている。社会によいことをしつつ利益をあげる方法がわからない方も、これから紹介する話がヒントになると思う。これらベンチャーは最新のテクノロジーの新しい利用方法を見つけ、困窮者の要望に合うように変えていった。ジップラインがその一例だ。

救援用救命ドローン

2016年12月21日、ルワンダの首都キガリに近いドローン基地に注文が届いた。メッセージを受け取って、技術者は委託された荷物を革ひもでくくりつけ、ドローンの準備をした。何分も経たないうちに、そのドローンは飛行時間6分の先にある地域病院を目指して飛び出した。

病院のなかには2歳の女の子ギレーヌが身動きもせずに横たわっていた。マラリアの急性症状に見舞われたのだ。呼び出されて数分のうちに、ドローンは病院の入り口近くの空中に到着し、冷蔵の輸血用血液2ユニット入りの赤い箱を落とした。箱には紙製パラシュートがついていて、ゆっくりと着地した。1年前なら車で往復3時間かかる血液センターに血液を受け取りにいかなくてはならなかった。これだけ時間がかかれば幼い女の子の命は奪われてしまう。[*1]

これは、ケラー・リナウドの話だ。彼はロボット工学専門の起業家で、23歳のときにおもちゃのロボットを作る会社を始めたが、「人命に大きなインパクトを与えることに挑戦したい」と考えた。[*2] 問題は、どうすればよいのか、どんなインパクトを与えればいいのか、わからなかった点だ。「私の正気を疑う人たちもいた」と今、彼は言う。[*3]

リナウドと共同創設者らは、彼らのスキルを用いて解決できる問題はないか、世界中を探しまわった。ロボット工学では、「退屈なもの、単純な反復作業がいい。私たちは物流が機能していない場所なら、始めるのにいいだろうと思った」と彼は言う。[*4] そして、人命を救う輸血用血液など必須医薬品の配送に取り組むことに決めた。保存・在庫管理は難しかった。ある地域では供給過多、ある地域では供給不足が出るし、有効期間が過ぎれば廃棄することになる。血液が必要なときには一刻の猶予もない。彼も彼のチームもロボット工学を使えば、配送効率を改善し、無駄を減らすことができると思った。彼らは配送センターを作って血液を保管し、ドローンを飛ばし、正確に必要な場所へ届けることにした。会社を維持するために、配送ごとに課金することとした。

リナウドはこの会社をジップラインと名付け、ルワンダでドローン技術をテストし、物流システムを試験的に運営することにした。ルワンダは山が多く、当時泥だらけの道路は通行不可能で、社会インフラが欠如していた。だが、政府には「若い人が多く、迅速に決断をし、リスクをとることを恐れなかった」[*5]。

リナウドによれば、ジップラインを利用することで、ルワンダ政府は支出を減らし、貴重な時間と生命を救った。同社のドローンはわずか2つの配送センターで人口の80%にサービスを提供できた[*6]。2018年末までに同社は1万5000ユニットの血液を配送した。そしてタンザニアとアメリカに進出する計画を立てている。乳児用ワクチンや緊急用医薬品などの医療用品配送も行おうとしている。

先を見据えて、同社はテクノロジーを改善してドローンの能力を向上させることを決めている。2018年4月、ジップラインは「より高い飛行高度や強い風雨のなかでも、より多くの荷物が積めて、もっと遠くに、もっと早く飛ぶ」新モデルを発表した[*7]。同社の長期ミッションは「地球のどこでも即時に配達できるようにする。医薬品その他の製品を、ガソリンを一滴も使わずに低コストでオンデマンド配達する」ことである[*8]。

2019年5月、ジップラインはアメリカのベンチャー・キャピタルから1億9000万ドルを調達し、企業価値は12億ドルと評価された。[*9] 同社は、アフリカ、南北アメリカ、南アジア、東南アジアに拡張し、今後5年間で7億人にサービスを提供することを目標とした。[*10]「ジップラインをシリコンバレーの新たな成功モデルにしたい」とリナウドは言う。「正しいミッションを掲げ、最高のチームと優れたテクノロジーを持つ会社は、地球上のすべての人の生活を改善する役に立つことができるんだ、ということを世界に見せたい」[*11]

リナウドと彼のチームは、ドローン技術を新たな視点で見直したが、イスラエルのベンチャー企業オーカムは、先端的人工知能（AI）テクノロジーの目的を見直した。当初、オーカムはAIテクノロジーを自律走行車のために開発したが、目的を見直し、世界中の全盲者3900万人、2億5000万人の視覚障害者のために役立てることとした。

自律走行車の技術で全盲者を助ける

2016年、27歳になったルーク・ハインズは初めて大学進学を考えられるようになった。[*12] 2018年、退役軍人スコッティ・スマイリーはついに3人の息子と一緒に文字を読むことができるようになった。[*13] 2019年、ナイム・バッサは初めて同行援護なしで投票に行けた。[*14] この3人は、視覚に障害を持つ。だが、カメラ、コンピュータ、機械学習、そしてディープ・ネットワークを用いて視覚情報を加工し、音声で伝えるオーカムの支援テクノロジーを使うことができたのだ。

このウエアラブル・テクノロジーは１９９９年に遡る。共同創業者のアムノン・シャシュアとジブ・アビラムはモービルアイを設立し、車載カメラとＡＩによる先進運転支援システム（ＡＤＡＳ）を開発した。[*15] 18年後、彼らは会社をインテルに１５３億ドルで売却した。イスラエル企業の買収額としては、史上最高額だった。[*16]

この時点で、シャシュアは彼が発明したテクノロジーを視力が悪化しつつある叔母のために応用することを考え始めた。[*17] 彼とアビラムは２０１０年にオーカムを共同設立し、視覚障害を持つ人が周囲の情報を処理する手助けをすることにした。

２０１７年、オーカムはマイアイ2を発表した。完全ワイヤレスで指1本分の大きさしかないのに、印刷された文章を読み、顔、商品、バーコード、銀行紙幣を認識できる。装着した人がこれらのもののほうに向くと、マイアイが認識したものが何かを装着者の耳に伝えてくれる。

あるユーザーは、マイアイのおかげで、新聞、本、メニュー、「何でも手に取ることができるようになった。そして他人に頼らなくて済むようになった。手紙がドアから室内に運ばれると、他の人を煩わすことなく、読むことができる」と言う。[*18]

2018年にはオーカムは1億3000万ドル以上を調達し、企業価値は10億ドルと評価された。[*19]「オーカムの可能性はモービルアイよりもさらに大きいと、私は思っている」とアビラムは言う。[*20] オーストラリアのリサ・ヘインズのように、生まれつき全盲の人にとって、オーカムの製品は奇跡のようなものだ。彼女はマイアイについて「私にとっては、21世紀の大発明だわ」と言う。[*21]

インパクト起業家は、彼らのテクノロジーを使って最大多数の人の役に立つにはどうすればよいだろうと自問する。オーカムのテクノロジーについてこの質問をすると、面白い方向性が見えてくる。同じ商品を7億8100万人の読み書きできない人にも応用したらどうだろう？　オーカムの潜在市場は世界人口77億人の15％近くにも広がる。このテクノロジーが10億人以上の人々の生活に与えるインパクトを、その人たちが国に貢献する大きさを、そして世界経済に与えるインパクトを考えてみてほしい。インパクト思考によって、見逃してしまうような機会を見つけることができる。

他にも多くのスタートアップ企業が、身体障害に苦しむ世界中の人の生活を改善しようと事業の成長に努力している。こういったベンチャーを率いる起業家にはアムノン・シャシュアのように、大切な人を助けたいという思いに動かされている人が多い。

単語しか言えなかったのに会話ができるようになった

ブラジル人起業家カルロス・エドマル・ペレイラには脳性麻痺を持って生まれた娘がいる。彼女は2008年に生まれたが、歩くことも話すこともできない。彼女の生活をなんとかよくしてあげたいと思い、ペレイラは独学でプログラミングを覚え、さまざまな障害を持つ人たちがコミュニケーションできるようなソフトウエアを開発した。「私はコンピュータに取りつかれたようになり、娘のためにプログラムを深夜に書いた」と彼は言う。[*22]

彼のダイナミック・ソフトウエアはユーザーの身体能力や認知能力に応じて、リアルタイムで家族や教師など周囲の人とやりとりする手助けをする。「たとえば手足が使えなくても、目を使うことができる」とペレイラは言う。[*23] 彼はタブレットの前面カメラを利用して、ユーザーが目の動きでタブレットを操作できるソフトを開発した。さらに、彼はこのソフトウエアをライバル製品に比べて非常に安い価格で提供している。目の動きで操作する機器は通常おおよそ1万7000ドルするが、それに対して彼の開発したソフトウエア、ライボックスのライセンス費用は250ドルだ。[*24] ライボックスのインテリジェント・アルゴリズムは、ユーザーの独特な動きに対応し、補正することができる。たとえば、手を全部使ってスクリーンをタップする人でも、指を何本か使う人でも、自分の意思とかかわりなくタップしてしまう人でも、対応できる。[*25] ある自閉症の子供を持つ母親は、娘は「ほんとうに1つの単語しか言えなかったんです。それが、この装置を使って私ときちんと会話ができるようになったんです」と言う。[*26]

ペレイラは娘の生活を改善するためにライボックスを開発したが、障害を持つ何十億人という人に手を差し伸べ、彼らの生活を改善する手助けもしたいという。「彼らは社会から疎外されるリスクのいちばん高い人たちです」と彼は言う。[*27] ライボックスのライセンスの大半はブラジル政府に売っている。彼は割引価格で売り、低所得層の家族が入手できるようにしている。彼はビジネスの規模を広げ、とくに学校、病院、そして発展途上国に広げたいと望んでいる。[*28]

携帯電話の中身で貸す

オーカム、ライボックス、ジップラインを率いる起業家はＩＴを利用して社会的インパクトを達成する事業を構築した。タラの設立者でケニア人のシバニ・シロヤは、通常の銀行融資を受けられない起業家に信用供与するためにフィンテックとデータを利用している。

タラは、モバイルの融資プラットフォームをインド、ケニア、メキシコ、フィリピン、タンザニアで運営しているが、過去に融資の実績がなくてもその人の信用状況に影響しないことを前提としている。従来使われてきた銀行の報告書などの正式な記録に依存せず、タラは携帯電話にすでに入っているデータを利用する。スマートフォンのユーザーならタラのモバイル・アプリをダウンロードできる。このアプリでアプリの利用状況や電話、ショートメール、取引などの1万を超えるデータを集められる。[*29] タラは、それを使って返済能力を予測する。たとえば、スマホの連絡先が姓名のフルネームで登録されていれば、その人が返済する率は高いことがわかった。

「顧客のデバイスにすでに入っているデータに基づいて、およそ20秒でその人の信用度を予測することができる」とタラの創業者シバニ・シロヤは言う。[*30] 彼女はインドで育ち、20代の終わり頃の2012年に会社を設立した。融資承認がおりると、顧客のスマートフォン・アプリにお金が入金される。「私たちは、3年前に支払いを怠ったことを見るのではなく、日々の生活で何をしているかを見ます」[*31]

融資はだいたい10ドルから500ドルで、金利は11%から15%、返済期限は30日というのが通常だ。[*32] 2019年時点で、同社は10億ドルを上回る金額を400万人以上に貸し出した。返済率は90%である。[*33] これは、シロヤが会社を始めたときに比べるとえらい違いだ。最初は、インド、ガーナ、マリ、メキシコにいる50人に自分のお金を貸しただけだった。[*34]当初は、債務不履行の割合が30％だった。だが、もっと多くのデータを集めて確固たる信用モデルを築くと、債務不履行率は10％を下回るようになった。それは、通常の信用情報機関が予想する数値を下回る。[*35]

顧客はクレジットカードを使うようにマイクロローンを使う傾向がある。3分の2は事業のために借り、残りは教育、緊急の旅行、医療など個人の必要に応じて使っている。ケニアで衣料を売るグレースはこう言う。「私の顧客は衣服を買ってもすぐには支払いません。だから私は支払いを待つ間、お金を借りてマーケットに行き仕入れるのです」[*36]

シロヤはUBS、クレディ・スイス、シティグループなどで経験を積んでからタラを設立した。彼女はマイクロファイナンスの研究を始めた頃のことをこう言う。「大きな問題は、利用者の情報をマイクロファイナンスのシステムから正式な信用システムにどのように移行させるかだと認識するようになりました」[*37]。マイクロファイナンスで借り入れた人が正式な信用を得られるように、彼女は返済記録を通常の信用情報機関に報告して公式記録が残るようにした。シャノン・イエーツはタラでデータ分析リーダーを務めるが、彼女はこう言う。「信用を利用すれば、今すぐではないにしろ長期的には彼らのためになるのだということをしっかり顧客の頭に刻み込みたいと思っています」[*38]

短期的には、タラは顧客に安定的な財源を提供し、生活や家族のことを不安に思ったりストレスを感じたりすることが減るようにしている。長期的には、タラの顧客を経済的に成長させ、通常の銀行融資を経験させ、金融をもっと理解させるようにしている。[*39] 金融知識は、目標に向かって努力する起業家に重要なだけでなく、地方経済を伸ばすためにも重要なものだ。

タラは2018年4月までに3回資金調達を行い1億5000万ドル以上を得た。[*40] その年10月、ペイパルが投資家として参加した。[*41] タラが6500万ドルの3回めの資金調達を発表した日、シロヤは会社の5年後の姿を尋ねられた。彼女は、「やり方を変えれば成功できることを証明してみせます。ミッションと利益はゼロサムゲームではなく、両方を手に入れて勝利することができるのです」と言っている。[*42]

フィンテックは生活改善を求めるインパクト投資家にとって間違いなく強い味方だ。バイオテクノロジーも同様だ。農業など昔ながらの分野に新風を入れて、農業従事者の生活を改善し、世界に食糧を提供する。

世界を養うためにイノベーションの種をまく

75億人の胃袋を満たさなければならないのに、目の前で気候変動が起きていることからすれば、農業はこの地球においてもっともインパクトを与えられる分野と言えるだろう。研究によれば、食糧確保のためには2050年までに穀物生産を25％から70％増やさなければならないという。これはやらざるを得ない課題だ。[*43]

マサチューセッツ州に本拠を置くスタートアップ、インディゴ・アグリカルチャーは、穀物増産と、農薬使用量減少のために微生物学を利用する。同社の設立者は人間の腸内微生物叢《そう》にヒントを得た。人間の体内にある微生物叢は害あるものを取り除き、健康に資すると言われている。[*44] ジェフリー・フォン・マルツァンは、この考え方を農業に応用した。マサチューセッツ工科大学（ＭＩＴ）で生体医工学のＰｈＤを得た後、彼は2016年に30代半ばでインディゴを共同創設した。「微生物叢は、農業用穀物の特徴や特性に影響を与える、より自然でより効力のあるものとなるのではないかと思います[*45]」と彼は言う。すなわち、微生物叢の研究に努力をすれば、穀物を病気、干魃、害虫などから今よりも安全に守ることができるのではないかということだ。

インディゴのモデルは、健康な穀物にある有効な微生物叢を見つけ、農家に販売する種にそれをコーティングするというものだ。そうすれば、この種は化学薬品を使わなくても非常に強い、生産性の高い、繁殖力の強い植物に育つ。インディゴは、彼らの作った綿、大豆、とうもろこし、米、小麦の種は生産量を6～14％増加させたと報告している。[*46]

2019年までに、インディゴは6回ほどの資金調達で6億5000万ドルを得て、企業価値を30億ドルにした。[*47] 人間の微生物叢の研究に膨大な投資を行っているが、さらに同社は最先端のゲノム解析技術とコンピュータのツールとコネクティビティとを組み合わせることで、最新テクノロジーの恩恵を受けている。[*48] フォン・マルツァンはこう言う。「スマホとハサミを持っている人なら誰でも植物のサンプルを送っていただきたい。私たちはGPSで場所、時間、その地域の過去の天候の推移を調べ、そこからその植物のストレス・プロフィールを推測する。そしてその植物の適応度と植物種を割り出し、ますますわずかなコストで微生物叢のゲノム解析ができるようにします」[*49]

すべてのインパクト型ベンチャーがこのようにテクノロジーを使うわけではない。アンデラの創業者は技術革新に頼らずに大きな挑戦を目指している。技術ではなく、ビジネス・モデルでイノベーションを起こし、新興国の人々の能力を高め、支払い条件のよい仕事の確保を行っている。

世界中の頭脳を活用する

2014年のこと、20代半ばのナイジェリア人女性、トルロペ・コモラフェは、数学の家庭教師をして1カ月25ドルの収入を得ていた。[*50] 彼女はコンピュータ・サイエンスで学位を得ている。[51] 同国のおよそ40％は失業者あるいは潜在失業者だが、彼女はその1人だった。[52]

ラゴスのスタートアップ企業が、グローバル企業向けソフトウエア開発の研修を受けながら給料を得られますという募集広告を出しているのを見たとき、コモラフェは「話がうますぎて本当とは思えない」と感じ、最初は詐欺じゃないかと思った。[53] だが、その求人は、世界中の人材開発を支援しようというテック企業アンデラが出したもので、合法的なものだった。

コモラフェは2500人の志望者の中でも際立った成績を示し、アンデラの第2期採用者20人の1人に残った。[54] 彼女はすぐさまコーディング・ブートキャンプに参加させられ、ソフトスキルの研修も受けた。[55] 1000時間に及ぶプロフェッショナルな人材開発プログラムを修了したのち、彼女はアンデラの顧客企業のために働き始めた。[56] 顧客には、IBMのような巨大企業からGitHubのような小規模の会社まである。[57]

価格で競争するインドや中国のアウトソーシング・モデルとは異なり、アンデラで働くコモラフェや彼女の同僚は顧客企業の中に深く溶け込む。顧客企業の中にはアンデラの仲間に自社株を提供するようなところもあった。[58] コモラフェは、人生の終わりを計画する終活プラットフォーム、エバープランズの仕事を担当した。同社は彼女をニューヨーク市でのオリエンテーションに招待した。そこで彼女は何カ月も一緒に働いてきた同僚と会うことができた。[*59] 2016年、アンデラの共同創業者兼社長のクリスティナ・サースはコモラフェを、我がスタートアップ企業のスター開発エンジニアだと言っている。[*60]

アンデラは2013年に創業された。いくつもの会社を立ち上げた起業家で20代はじめのナイジェリア人、イイノルワ・E・アボイエジは、アメリカ人で教育テクノロジーの起業家であるジェレミー・ジョンソンに連絡をとった。ジョンソンは新たな事業のCEOになることに同意し、サースを連れてきた。

このベンチャーを駆り立てたものは、聡明な人は世界中に均等に存在するが、機会はそうではない、という信念だった。チームは聡明な頭脳を持つ人を探し、コーディング教育をする。そしてスタートアップの成長阻害要因がソフトウエア開発者不足とコスト高だという国に送り込み、そのギャップを埋めようとした。

アンデラのソフトウエア開発者の多くは、研修期間中は「キャンパス」と呼ばれる社宅に住んだ。[*61]「長期的目標は、彼らがここから羽ばたき、いろいろな場所に広がって、ITをアフリカ大陸中に普及してくれることです」とサースは言う。[*62] サースによれば、彼らの4分の1は自分自身の会社を立ち上げたいと考えている。[*63] 残りは既存の会社でソフトウエア開発責任者となる、組織のアドバイザーになる、あるいはアンデラのモデルを拡大する手伝いをしたいと考えているという。*64

アンデラのビジネス・モデルは、人材開発、教育、そしてテクノロジーに焦点を合わせ、長期的にはアフリカのIT分野の成長を手助けすることを目標にしているが、非常に人気のある投資家の注目を集めている。AOLの共同創業者スティーブ・ケースとピエール・オミダイアは、2015年にアンデラがアフリカ大陸全土で事業を拡大すべく1000万ドルの資金調達をしたときに参加している。*65

それから1年後、アンデラはフェイスブックのマーク・ザッカーバーグと彼の妻、プリシラ・チャンの注意を惹いた。彼らはチャン・ザッカーバーグ・イニシアチブ（CZI）を通じて、2400万ドルの2回目の資金調達でリード・インベスターとなった。実のところ、アンデラはCZIがリード・インベスターを務める最初の投資だった。GV（前グーグル・ベンチャーズ）、スパーク・キャピタル、オミダイア・ネットワーク、ラーン・キャピタル、CREベンチャー・キャピタルが共同で出資した。投資して間もなく、ザッカーバーグはラゴスに行き、アンデラのオフィスを訪問して会社のスタッフに会った。サースはインタビューの中でこう言っている。「志望者全員にこう言ってきました。とくに最初のころは……私たちはあなた方の才能の力量を全世界に発信しますって。そう言ったらすぐさま、信じられないことに現実のことになったのです。［マーク・ザッカーバーグが］部屋に入ってきた瞬間にね[*66]」

2017年、同社は3回目の資金調達を行い、4000万ドルを調達した。リード・インベスターはCREベンチャー・キャピタル。これはアフリカのベンチャー・キャピタルがアフリカに本拠を置く会社に対して行った資金調達のなかで最大のものとなった。調達した資金は、アンデラの活動をアフリカの他の2カ国に拡大し、ソフトウエア開発者を2倍にするのに充てる予定とされた。[*67]

2019年になると、アンデラの顧客は200社以上になり、志望者13万人以上から1500人のソフトウエア開発者を選ぶまでになった。エコノミスト誌は「『アンデラは』ラゴスのおしゃれなオフィスから、地球の裏側にいるレベルの高い顧客に頭脳を輸出できることを証明した。混雑した港や壊れて正常に動かない鉄道に近づくこともなく」と書いた。[*68]

同じ年に、4回目1億ドルの資金調達が行われ、アンデラは合計1億8000万ドルの資金を得た。今回リード・インベスターとなったのはジェネレーション・インベストメント・マネジメント。アル・ゴアとデービッド・ブラッドが設立したサステナビリティに焦点を絞った投資会社だった。[*69]

コモラフェは、彼女の目標はソフトウエア開発者としてのスキルを使ってインパクトを与えることだと言う。「長期的には、児童虐待などのような問題を解決しようとしているチームに入りたい」と彼女は言う。「毎日、私のテクノロジーの知識を問題解決に実際に役立てるにはどうしたらいいか考えています」[*70]

インパクト起業家のなかには、古くからある商品に大変革をもたらしてベンチャーを成功させた人もいる。カリフォルニアのレボリューション・フーズとイスラエルのナジッド・インパクト・フードがまさにそれだ。彼らは世界の児童の健康に重点的に取り組んでいる。

成功に必要な栄養を子供に与える

子供になったつもりで想像してほしい。空腹で朝目覚めるが、自分のお金を1ドルも持っていない。朝食抜きで学校に行く準備をする。その日の最初の食事は、学校のカフェテリアでとる昼食だが、そのときにはもうおなかはペコペコだ。行列に並び、なんだかわからないようなものがお盆のうえに取り分けられた。なんとか口に入れようとしているうちに、ランチ時間は終わってしまう。

多くの児童がこういう状況にある。先進国も例外ではない。それなのに、授業に集中して平常どおりの行動をするように言われるのだ。[*71]アメリカで、１３００万人以上の児童が空腹のまま学校にやってくる。学校で出る食べ物の質は低く、見た目は食欲をそそらないため、学校の温かい昼食ではなくジャンクフードを食べてしまう。空腹のまま我慢する子供すらいる。ニューヨーク・タイムズ紙の記者はこう書いている。「標準的なカフェテリアは児童の肥満率を抑えるどころか、助長していると言える」[*72]

空腹を抱えた児童は勉強をするよう言われるが、空腹で集中できず、問題行動を起こす可能性がある。[*73] アメリカの児童はカロリーの半分を学校で摂取していることから、質のよい食べ物を与えることは優先されるべきなのだが、予算のせいで難しくなっている。[*74] アメリカの児童にとって幸いなことに、クリステン・センズ・トビーとクリスティン・グルース・リッチモンドがレボリューション・フーズを立ち上げ、学校で健康的な食事がとれるように運動を始めた。2人は、カリフォルニア大学バークレー校ハース経営大学院のMBAコースが始まったその日に出会い、親しい友人となった。2人とも教育に従事したことがあり、海外に住んだ経験がある。のちに出てくるグルース・リッチモンドは金融業界で働いた経験もあった。

大学院にいる間に、2人は「手ごろな価格で新鮮な材料の食事」を作るビジネス・プランを練った。[*75] トビーはこう言う。「大学院では多くの時間をかけてビジネス・プランを書き、実際に児童生徒や先生、学校のリーダーや校長と話して、学校での食事の質を改善するには何ができると思うか尋ねました」[*76]

2人は2006年に卒業するとすぐにカリフォルニア州オークランドのダウンタウンで実験的に行動を始めた。キッチンを借りて、人工着色料、人工香料、人工保存料、人工甘味料を使わない食事を児童向けに1日300食用意した。成長ホルモン不使用の牛乳と肉を提供し、有機食材と地元でとれた食材を優先した。2人が「本当の食べ物」と呼ぶものだ。[*77]

当初は、チャーター・スクール（税補助を受けるが従来の公的教育規制を受けない学校）や低所得層が通う学校で提供を始めた。だが、2012年には、レボリューション・フーズはテキサス、ニューヨーク、ルイジアナなど11州の850校で毎日20万食を提供するようになった。[*78]大半は公立学校で、そこに通う児童の80％は家計所得が低いために無料あるいは割引価格でランチを受ける資格がある。[*79]「これこそがレボリューション・フーズの設立趣意でした。学校で無料のランチを受けられる子供たちが、お金を払ってランチをとる子供たちと同じ質の高い食べ物をちゃんと食べられるようにしたかったんです」とトビーは言う。[*80]

広い範囲でよい結果が表れた。健全な食べ物のおかげで「集中力が高まり、校則破りが減り、保健室に行く回数が減り、欠席が減った」と感謝の言葉をもらっているとグルース・リッチモンドは言う。[*81]

2014年に、スティーブ・ケースは彼のレボリューション・グロース・ファンドを通じて3000万ドルを投資した。「学校給食はアメリカだけでも160億ドル規模のビジネスです」と彼は言う。[*82] 2015年までに同社は売上8000万ドルを計上した。[*83] 2019年には、1億3000万ドルほどを調達し、[*84] 売上1億5000万ドルを超えた。[*85] この時点で、アメリカ中の400都市に毎週250万食を提供している。[*86] ニューヨークとニュージャージーだけでも22万5000食にのぼる。[*87]「私たちの最終目標は、子供たちが成功に必要な栄養を与えることです」とトビーは言う。[*88]

もっと健康的でおいしい給食を提供しようとするインパクト起業家のパワーは尽きるところがない。アメリカのレボリューション・フーズと同様のイノベーションは、地球の裏側、イスラエルのベドウィン・コミュニティでも見られる。

ベドウィンは独特の文化・歴史的な特徴を持つが、同時にイスラエルの中でも最貧層にあたる。彼らの失業率は非常に高く、40％ほどになる。ベドウィンの労働者の平均賃金は全国平均の半分にも届かない。よくあることだが、女性が公平な賃金と福利厚生のある雇用を得ようとすればさらに大きな壁がはだかる。

イブラヒム・ナッサラは社会経済的に最下層に属するベドウィンの町の出身の起業家だが、彼の住む地域では健全な学校給食のニーズが満たされていないと考えた。彼は

2011年にナジッド・インパクト・フードを設立し、ベドウィンの子供たちが昼に食べる政府補助の学校給食を改善しようと考えた。3人の女性が1日300食を料理するところから始め、ナジッドは今やベドウィン出身者100人以上を雇用し、イスラエル中の学校に毎日2万食以上を提供している。

ナジッドは2つの方法でインパクトを与えている。健康的でおいしい食事を提供することで、十分な栄養を取っていない児童の栄養状況を改善している。同時に、適正な賃金と福利厚生を提供する雇用を生み出している。ナジッドはベドウィン・コミュニティの家計所得を改善し、ベドウィンの女性たちが平等に就職できるようにし、個人として、そして経済的に自立できるようにしている。同社が与えるインパクトは2019年に認識され、ベドウィン企業として初めてプライベート・エクイティ・ファンドの資金調達を受けることとなった。ブリッジズ・イスラエル（独立運営されているブリッジズ・ファンド・マネジメントの関係会社）が設定したインパクト・ファンドが400万ドルの資金を出している。*89

インパクトはこの世代を象徴する

これらベンチャーのすべてがインパクトを測定できるところまではなっていないが、彼らはみな、インパクトをビジネス・モデルに取り込んでいる。インパクトを与えれば与えるほど、さらに資金を得られるようになっている。これらベンチャーは、水から消費者向け商品まで、世界中でとてつもない可能性を見せている。若いインパクト起業家の野心が手を付けていない分野は残されていないほどだ。

ミーナ・サンカランは水質監視を行うケートスを立ち上げた。インドで育った彼女は汚染された水が原因で病気にかかった後、行動しようと考えた。会社を立ち上げ、2019年には900万ドルを調達し、彼女は他社の水質監視装置と比べごくわずかなコストで水質汚染の警告を出すソフトウエアとデータ分析手法に取り組んでいる。[*90] 水質の問題は開発途上国に限られたことではない。ミシガン州フリントの水質汚染問題で明らかになったように、豊かな国でもインフラが老朽化していれば水の供給が脅かされる。[*91]「スマート水道管理はたんに、あればいい、というものではなく、なくてはならないものなのです」とサンカランは言う。[*92]

水、空気、食糧など生活必需品に与えるインパクトの大きさは膨大だ。だが、消費者向け商品の分野でも素晴らしいインパクトを作り出すことは可能だ。TOMSシューズは靴を1足販売すると、必要とする人に1足寄付する「ワン・フォー・ワン」モデルで有名になった。これは消費者にたいへんよい印象を与え、同社のビジネス・モデルは急速に広まった。たとえば、ホームレス救護施設でもっとも要望されるのは靴下だと知って、アメリカの起業家、ランディ・ゴールドバーグとデービッド・ヒースは2013年にボンバスを設立して、高級靴下を消費者に販売し、ホームレスに靴下を寄付することを始めた。2019年までに、同社は2000万足以上の靴下を寄付している。[*93]

もう1つ、小売業界で牽引力を発揮したインパクト・ビジネス・モデルは、ゴミとして処理するしかないものをリメイクして販売するものだ。イギリスのエルビス&クレッセは消防ホースや皮革の切れ端、中古品をハンドバッグや財布に生まれ変わらせる。2005年から、同社は廃棄された消防ホース175トンをリメイクした。そしてファッション・ブランド、バーバリーと提携して皮革の切れ端などの廃棄物を利用している。[*94] さらに利益の50%を慈善事業に寄付している。[*95]「私たちが消防ホースの廃棄問題を解決しようと会社を立ち上げてから、この問題は5年で解決できました。皮革の問題は8万倍も大きな問題です」と共同創業者のクレッセ・ウェズリングは言う。[*96]「というわけで、ここしばらくの間ではなく、私の中期的な課題はこの皮革の問題を解決することになります」[*97]

これらのインパクト・ビジネス・モデルはミレニアル世代の象徴になると、私は思っている。スティーブ・ジョブズ、ビル・ゲイツ、ラリー・ペイジ、マーク・ザッカーバーグなどの優れたテクノロジー起業家は、くらくらめまいがするほどの高みにハイテクを持ち上げ、その過程ですべての人の生活を変えてきた。ミレニアル世代は彼らに続く人たちだ。

ハイテクがビジネスにもたらした破壊的な革新と今日インパクトがもたらしている破壊的な革新の間には、大きな類似点があると思う。インパクト起業家の大望や成功は、ハイテク起業家のそれに匹敵するものだと思うが、地球にプラスのインパクトを与えるという意味では彼らのほうが上回るかもしれない。

今日、もっとも知られるインパクト起業家は、イーロン・マスクだ。彼の風変わりな行動、彼の高級電気自動車会社テスラが直面する課題などを考えれば、マスクは独力で自動車産業をよい方向へ変えたと言えるだろう。

テスラの直近のインパクト報告書によると、同社は55万台を上回る電気自動車を販売している。100億マイル以上の距離を運転した計算になるが、それは内燃エンジン搭載車と比較して、二酸化炭素排出量を400万トン以上減らした計算になる。[*98] 通常1トンあたり300ドルの環境費用とされているから、これは12億ドル分の環境破壊を回避したことになる。

マスクとテスラの事例は、空気の質を改善し、化石燃料への依存度を減らそうとする新世代の起業家を刺激している。「二輪車のテスラ」[*99]と呼ばれるインドの電動スクーターメーカー、アザー・エナジーのようなスタートアップ企業から、何十億ドルもの資本に裏付けられた10社以上の中国の自動車開発会社まで、世界は化石燃料を燃焼させるエンジンを抑えて、電池によって移動する方向に移っている。上海の電気自動車を製造するスタートアップ企業の経営者は、「テスラが道を開いた。そして私たちがそれを一歩進めている」と話す。[*100]

インパクト・ビジネスを他と区別する

インパクト・ビジネスを立ち上げるのに今ほどよい時期はない。1つには、法規制面での支援が広がり、従来の利益のみを追求するビジネスを超えた活動が可能となったことがあげられる。もっとも進んでいるのはアメリカである。「社会改善のためにビジネスを利用する起業家のために」、2006年にBラボが設立された。BラボのBは、Beneficial（役に立つ）のBである。

Bラボは、社会・環境貢献について一定の水準を満たす営利企業に「Bコープ」という民間認証を発行するグローバルな非営利組織である。Bラボは、インパクトを180の異なる基準で評価し、企業にスコアをつける。そのスコアは、企業の社会・環境基準をクリアする能力、説明責任、透明性を反映する。[*101]認証を得るには、一定のスコアを得なければならない。これは3年ごとに再評価される。およそ3000社のBコープが64カ国、150の産業にわたり存在する。パタゴニア、ワービー・パーカー、レボリューション・

フーズ、ベン&ジェリーズなども認証を得ている。[102]

第4章で見ていくが、ダノンのような大企業でも子会社3社でBコープ認証を受けることができている。同社の北米事業部は世界最大のBコープである。Bラボの努力のおかげで、2010年にアメリカで新たな企業形態、ベネフィット・コーポレーションが導入された。

ベネフィット・コーポレーションという企業形態では、企業は利益を最大化する義務から解放され、株主から訴訟されることを恐れずに、利益とともにインパクトを求めることができる。[103]従来はなんとしてでも利益を最大化することが至上命題だったが、ベネフィット・コーポレーションは、株主への経済的リターンに配慮することに加え、社員、コミュニティ、環境のことを考えて意思決定ができる。それにより、良心に基づくパーパスに沿って行動することが法的に守られる。

アメリカでは、すでに34州がベネフィット・コーポレーションを導入し、6州がその手続きを進めているところだ。[104]2019年半ばには、5400社以上のベネフィット・コーポレーションが活動するようになっている。パタゴニアとキックスターターは、Bラボの認証を得ると同時にベネフィット・コーポレーションとなっている。

同様の努力がイギリスでも行われ、2005年にコミュニティ・インタレスト・カンパニー（ＣＩＣ）が導入された。これは、小規模の企業に向けたもので、利益と資産を公益のために利用できるようにしている。導入から10年の間に1万4000以上の企業がＣＩＣとして登録した。[*105] 社会的企業の地位向上のために法案を可決する動きは、フランス（第6章で論じる）、ルクセンブルク、イタリアなどで広がりつつある。

インパクト起業家のネットワーク

新たにビジネスを立ち上げるとき、メンターとシードマネーの投資は不可欠だ。この何十年間で、画期的なイノベーションが形となるにつれ、インパクト起業家の初期段階を育成する多数の立ち上げ支援組織（キックスターター組織）が出てきた。非営利組織アショカはその好例である。1980年ビル・ドレイトンが設立した組織で、社会起業家を通じて所得格差の縮小を目的とし、社会問題を大きな規模で解決しようとする起業家を見つけ、彼らのビジョン達成の努力を支援する。社会的イノベーションの実現に邁進できるように「アショカ・フェロー」には生活費が援助され、やがて自立した組織になることを目指す。

設立以来、アショカは世界中90カ国の3500以上の起業家のスポンサーとなり、世界最大の社会起業家のグローバルなコミュニティを築いてきた。[*106]

エコーイング・グリーンもこの分野のリーダーである。このグローバルな非営利組織は

1987年の立ち上げ直後から戦略的にシードマネーを出して起業家や組織を支援しており、出資先は3700の学校に在籍する1200万人以上の学生、370万人の患者、27万人のコミュニティ・ヘルス・ワーカーに奉仕してきた。[*107] エコーイング・グリーンの支援を得た人でよく知られているのは、ウェンディ・コップだろう。彼女は非営利組織、ティーチ・フォー・アメリカの共同創立者だ。この組織は大学卒業生や専門職に就く人に研修を受けさせ、アメリカ内外のコミュニティで2年間教鞭をとって教育が公平にいきわたるよう支援している。

インパクトの高い起業家を支援するもう1つの組織に、エンデバーがある。1997年にリンダ・ロッテンバーグが設立した組織で、世界中に50の支店網を作り、インパクト起業家を発掘し、その事業のメンターを行い、1億1500万ドルのファンドから共同出資を行ってきている。[*108]

アショカ、エコーイング・グリーン、エンデバーなどの先駆的組織は共に、社会的インパクト起業家の活躍の場を広げてきた。これらの組織は、世界中でインパクト起業を推進し、現代のビジネス思考にインパクトを根付かせる努力を行い、ロールモデルとなっている。

増加するインパクト起業家世代

世界の現状を見れば、一刻を争う社会問題に対処するのに、革新的な解決策を受け入れざるを得ない。若い起業家にとって、この章で取り上げた例は大きな刺激になったことだろう。世界のあらゆるところで若い起業家は、彼らの前の世代が世界にもたらした新たなテクノロジーを活用して、頭の痛い問題に革新的な解決案をもたらしつつある。起業家が利益とインパクトの両方を目指せば、経済的なリターンを犠牲にすることなく成功する方法を探し出すことができる。彼らの生み出すインパクトが成功を推進することも珍しくない。彼らは会社のビジネス・モデルの中心にインパクトを位置づけるから、インパクトと一緒に利益も伸びる。

リスク・リターン・インパクトのモデルは現在主流を占めるビジネスの考え方を破壊し、政府はインパクト起業家に対する新たなインセンティブを導入している。それを考えれば、インパクト起業家は世界をよくするアプローチに革命を起こすことだろう。インパクト起業家の第一世代は、すでにどうすれば社会進歩を加速できるかを示し、社会がもっと公平になるようにし、私たちの生活を改善し、地球を救おうと努力する政府や慈善家に大きく寄与している。

このように大胆に道を切り開く人々は、試して失敗してもいいと思っている。そして、ビジネスをうまくやりながら社会のためになろうと野心的な目標を掲げる。彼らの手掛ける新規事業はよい変化をもたらし、利己と利他の間に健全なバランスをどうやって達成するか示すお手本となるだろう。

私のモットーは「若いうちに始め、大きく考え、やり続けること」だ。多くの人が影響を受けている問題を選び、それを解決する商品やサービスを考える。インパクトを事業の中心に据え、測定すべきだ。たんに目標の1つに加えて、注意をするというのではいけない。深く広くインパクトを与えるように努力すること。そうすれば、利益もあがるし、インパクトのおかげで事業に成功することになる。作り出すインパクトが事業の中心に組み込まれていれば、どんな野心的な起業家にも負けないくらい集中して頑張ることができる。

インパクトは成功を助ける。優れた人材は利益をあげるだけでなく、社会のためになる会社に魅力を感じるから、最高の人材を採用できる。最高のスタートアップ企業は、重要な課題を解決する企業だ。才能あふれるチームを引き付け、素晴らしいミッションの実現のために彼らを一丸にさせるからだ。そして、インパクト投資が勢いを増すと、投資家のほうから追いかけてくるようになる。将来金融市場を席捲する投資トレンドの先端をいくリーダーだからだ。

過去の若いテック起業家と、今増えつつあるインパクト起業家世代のあいだには1つ、大きな違いがある。テック起業家はシリコンバレーのような限られたいくつかの環境でしか育たない。インパクト起業家は取り組むべき社会・環境の大きな問題があればどこでも育つ。彼らは世界をよくしよう、起業家として新たなよりよい世界の規範を築こうという情熱と大志を共有する。

第3章

インパクト投資が作るニュー・ノーマル

リスク・リターン・インパクトに基づく投資決定

世界最大の資産運用会社ブラックロックのCEO、ラリー・フィンクが環境に与えるインパクトを考慮するよう強く促す公開書簡を企業に向かって書けば、世間の耳目を集める。勤労者が、彼らの年金積立金を有害な企業への投資に回さず、社会的責任を果たす企業に向けてほしいと言えば、年金基金は注意を払う。世界で化石燃料を大量に使う企業が数百の著名な投資家から二酸化炭素排出を減らすよう圧力を受ければ、それに従うほかない。

これらの行動に共通することは？　投資家が世界への責任をひしひしと感じ始め、投資先企業への見方を転換していることを示していることだ。世界を変えるためには、彼らもビジネスのやり方を変えなくてはと、考えるようになってきているのだ。

私たちは個人の立場で持てる力を使って、支援する企業に世界をよくするように行動することを要求できる。そして前章で取り上げたベンチャー企業のように、社会や地球にプラスのインパクトを与えることを目的とする会社に資本が流れるようにできる。民間企業を責めるのではなく、私たちの力を集めて変化させればいい。

アメリカから日本、フランス、イギリス、スカンジナビア、オランダと、投資家はかつてないほど、意思決定でインパクトを優先するようになってきている。この前向きな高まりつつあるエネルギーには、目を見張るものがある。その規模は地球大であり、そのペースは加速度を増している。

この数年、機関投資家は環境・社会・ガバナンス（ESG）投資に大きくコミットするようになってきた。これは責任投資（RI）としても知られ、環境や社会に与える害を最小限に抑えることを主眼としている。マイナスのインパクトを与える企業は投資から振り落とされる。たばこ会社や石炭会社、あるいは児童労働を許す企業などは排除される。過去2年間でESG市場は22兆ドルから31兆ドルへと伸びた。[*1] これは世界の投資資産15％に相当し、資産運用会社が扱う資産の3分の1以上を占める。

ＥＳＧのなかで、グリーン・ボンドに対する投資家の需要が伸びている。これは、新たな投資の考え方が伸びていることを示しており興味深い。グリーン・ボンドは通常の債券だが、資金使途は環境関連に限定される。この債券に対する投資家の需要は急騰しており、２０１９年には２０００億ドルを上回り、*2 ２０１８年の50％増となった。*3 発行総計は７５００億ドルに達している。

４５００億ポンド（５９８５億ドル）の運用資産を持つイギリスの運用会社シュローダーのＣＥＯ、ピーター・ハリソンが、インパクトは投資の世界で「メガトレンド」になっていると断言したのも当然のことだ。

だが、もっともなことだが、投資家は「インパクト・ウォッシュ」ともいうべきことが行われないかと懸念している。与えるインパクトには何の変化もない既存の活動を、たんにインパクトと名前を変えるだけの小手先の対応のことだ。そのために、基準をもっと高く設定することが急がれている。インパクトの意図は、実際にインパクトを与えることでなければならない。確実にそうするためには、測定をしなければならない。そこでインパクト投資が登場するわけだ。

インパクト投資は、２つの点でＥＳＧ投資の上を行く。第一に、マイナスのインパクトを回避するだけでなく、プラスのインパクトを作り出すことを目的とする。第二に、作り出したインパクトは測定されなければならない。ＥＳＧ投資は測定を行わず、会社の方針がもたらす効果を定性的に評価するだけで、定められた評価方法はない。そのような評価は不正確で、信頼のおける形で企業間の比較をすることはできない。対照的に、ほんもののインパクト投資は、あてずっぽうを排除し、信頼できるインパクト・データに置き換える。２０１６年以降、インパクト投資市場は毎年倍増している。２０１７年には２３００億ドルと推計されていた。２０１８年にはそれが５０２０億ドルとなり、ついに初めて１兆ドルに達しようとしている。[*4]

インパクト投資への需要は極めて高い。世界銀行傘下の国際金融公社（ＩＦＣ）は、投資家からの需要は、今や26兆ドルを下回ることはないと推計する。２０１８年の市場規模の50倍だ。このように巨額の需要が満たされていないことを考えると、市場はこれから先、長期にわたり急成長を続けると予想される。

世界の大手資産運用会社や年金基金がどこもインパクトを優先している理由は単純で、彼らの顧客が要求しているからだ。とりわけ若い顧客にその傾向が強い。ＵＳトラストの研究によれば、「ミレニアル世代はそれまでの世代よりもはるかに社会全体の利益を優先させる組織に投資する」[*5]。最近出されたマッキンゼーの報告書では、社会にプラスのインパクトを与える企業にミレニアル世代が投資する割合は、それまでの世代の2倍だと報告されている。[*6] ミレニアル世代は今後20年ほどの間に、彼らの親であるベビーブーマー世代から大きな資産を引き継ぐ。その合計金額はアメリカだけでも30兆ドルに上る。[*7] その結果、ミレニアルは投資運用方法をシフトさせる大きな力となるだろう。

インパクト投資運用者は、インパクトと経済的リターンの両立が可能なことを示しているから、インパクト投資は道義的に選択するというだけではなく、賢明なビジネス判断になるだろう。投資家は、インパクトにもかかわらずではなく、インパクトのおかげでリターンを上昇できると認識するようになるだろう。

どういうことだろうか？　前章で述べたように、リスク・リターン・インパクトを最適化したときには、いろいろな形でリスクが下がる。第一に、社会や環境に有害な投資に関連するリスクを回避する。将来、規制されたり、税負担が重くなったり、さらには業務停止命令を受けたりといったリスクを回避できる。１つ例をあげよう。世界でも最高峰に位置する投資家の１人、イエール大学基金のデービッド・スウェンセンは、イエールの投資先企業のＣＥＯに宛てて、気候変動がイエールの投資指針となると書いた。そして彼は化石燃料のインパクトを報告書に盛り込むようにと依頼した。スウェンセンは炭素税が導入されるのではないかと懸念しており、投資先企業の収益性がどの程度損なわれるか知りたいのだ。

もう1つ「物言う株主」の例をあげよう。世界有数の業績をあげているヘッジファンド、ザ・チルドレンズ・インベストメント・ファンドの運用者であるサー・クリストファー・ホーンは彼の投資先企業のCEOに宛てて書簡を出した。彼は温室効果ガス排出を減少させることと、二酸化炭素排出量を開示することを求めた。投資家は、「環境排出物を深刻に受け止めない企業に投票権を使って変革を迫ることができる。投資家は力を持っている。それを利用すべきだ」と彼は言う。[*8] つまり、社会や環境に害を与えるのはリスクの高いビジネスになったということだ。

責任感の欠如する企業はまた別のリスクを抱えている。消費者、社員、投資家が、彼らと同じ価値観を持つ競争相手に流れてしまうリスクだ。インパクトを優先すれば、投資家はこのリスクも避けられる。

だが、インパクトはリスクを減少させるだけではない。新たな機会を呼び込むことで収益をあげることができる。たとえば、物資が行き届いていない地域に低コストの商品を提供するのはたいした投資機会には聞こえないかもしれない。だが巨大な潜在需要をうまく掘り起こせれば、既存市場だけを対象とする競合企業より収益をあげることが可能になる。

先にインパクト・ベンチャーで見たように、インパクトの目で世界を見ると、さもなければ気づかずに通り過ぎてしまうような、高い成長と収益を達成する機会が見えてくる。

要するに、社会のためによいことをするのは、よいビジネスになりうるということだ。

リスク測定からインパクト測定へ

20世紀半ばに始まったリスクの測定は、世界中の投資ポートフォリオに大きな影響を与えた。[*9]リスク調整後リターンという新しい概念の出現で、投資家は、期待収益が十分高ければ、高リスク投資をポートフォリオに含めるようになった。この考え方からポートフォリオの分散という考え方が現れ、新たな高リスク高リターンの資産クラスに道を開いた。ベンチャー・キャピタル、プライベート・エクイティ、新興市場投資などがそれだ。リスク測定の結果、1970年代まで一般的だった自国の株と債券だけに投資をする運用よりも、高い収益を得られるようになった。

これは今日的な意味合いを持つ。インパクトの測定はリスクよりも信頼できる形で測れるし、インパクト加重会計では体系的な測定の実現がすぐそこまできている。これによって、企業のインパクトと財務業績を同時に評価できるようになると私は思っている。そのような会計が根付いてくれれば、リスク思考がそうであったように、インパクト思考は、極めて重要な影響を持つようになるだろう。投資ポートフォリオは、財務業績とともに測定可能な社会・環境インパクトを生み出すように変わることだろう。

第1章でソーシャル・インパクト・ボンド（SIB）を見たが、これはインパクト投資革命の好例だ。社会・環境の改善結果に応じてSIBのリターンは決まるから、そのリターンは株式市場の動きや金利動向に左右されない。その結果、SIBはボラティリティを減少させ、株式市場が暴落したり、金利が急騰したりしたときには、ポートフォリオの収益性改善に寄与する。

SIBとデベロップメント・インパクト・ボンド（DIB）もまた、リスク・リターン・インパクトに固有の論理を明らかにし、この3者の関係を最適化することで、より高い「効率的フロンティア」に達することができる。すなわち、同レベルのリスクでより高いリターン、より大きなインパクトを達成できるということだ。経済の中で投資の流れは重要だから、リスク・リターン・インパクトの投資は、私たちをインパクト経済へと向かわせる。インパクト経済では、インパクトが投資決定のすべての局面に影響を与え、その結果、次章で見るように事業にも影響を与える。

ハードルを上げる

インパクトのハードルを上げようといくつかの力が働いている。なかでも世界銀行はその最たるものだ。クリスタリナ・ゲオルギエバの見事なリーダーシップで、世界銀行傘下のIFCは重要な報告書を出した。2019年4月に出された「インパクトが約束するもの」そして「インパクト経営の運営原則」がそれだ。

後者は、「インパクト投資の市場標準」の提供を意図して作られた。それは、成果を達成したなら独立機関による認証を受けることが重要であると強調する。そして、「規律ある透明性の高い形で、経済的収益と同時に社会のためになるインパクトを呼び起こすこと」を投資家は目的とすべきであるとする。[*10] この「認証」「規律ある」「透明性の高い」という3つの言葉は、インパクト投資をさらに高いレベルに持ち上げるのに必要不可欠なものである。

今日まで、IFCが発表した運営原則は、多国間の開発援助機関、銀行、企業、保険会社、運用会社など、80以上のグローバルな投資家に採用されてきた。[*11] 合計すると、これらの組織は3500億ドルを上回るインパクト投資を行っており、その金額は、世界全体の70%ほどになる。[*12] IFC長官のフィリップ・ル・ウェルーは、「今では、インパクト投資が主流となる可能性が出てきた」と断言している。

SDGsに焦点を置く

2015年、国連が世界をよりよくするために、持続可能な開発目標（SDGs [Sustainable

Development Goals]）を発表すると、インパクト投資の動きが注視されるようになり、緊急度を高めた。世界のリーダーが一体となり、より公正で持続可能な将来を築くための課題を設定した。２０３０年までに、17の分野で目標数値の達成を目指す。貧困と飢餓をゼロにする、水とエネルギーをすべての人が得られるようにする、すべての人が包摂的で平等な質の高い教育を受けられるようにする、環境を保護・管理し、人権を守ることなどが目標にあげられている。

ＳＤＧｓ達成には今後10年間に追加で30兆ドルほどが必要になると推計されている。この金額に到達するには、民間セクターからの巨額な金融資金が必要になる。政府や慈善家だけでは難しい。ＥＳＧ投資の31兆ドルから実質的なインパクトを得られたら、民間セクターはその差を埋めればいい。そのためには、インパクト測定をＥＳＧ投資の流れに組み込む必要がある。

30兆ドルがどの程度の金額か感触を得るためにいうと、グローバル投資にあてられる金額は合計で２１５兆ドルと推定されている。すでに述べたように、慈善財団は毎年世界全体で１５００億ドルを助成金として与えている。[*13] ＯＥＣＤ加盟国政府は、保健と教育の目的だけでも毎年10兆ドルを支出している。

現状のＥＳＧ資金で正確なインパクトの測定が進むにつれ、インパクト投資への転換が

2016年　投資財源*(兆ドル)	
年金基金	38.3
保険会社	29.4
政府系ファンド	7.4
富裕層(個人)	72.3
準富裕層	67.2
合計資産	**214.6**
(うち)グローバル運用資産	**85**

* Asset and Wealth Management Revolution: Embracing Exponential Change, PwC report (2017)

進み、さらに新たな形のインパクト投資が展開されるようになれば、2020年代にインパクト投資が世界の投資資産の20%を上回ることも可能だろう。そうなれば、金額は40兆ドルを超える。だが、いったいどうすればそこにたどり着けるのか。

年金を積み立てている勤労者、運用会社に資金を預けて投資している人、生命保険に入っている人、裕福でファミリー・オフィスを通じて投資する人。みな自分たちの投資ポートフォリオに影響力を持つ。この影響力を使って害をもたらす企業を避け、社会によいことをする企業を探し求めるようにすれば、SDGs達成に必要な資金を確保するお手伝いができる。もっと平等で持続可能な世界に直接貢献することが

2018年　金融市場規模*（兆ドル）

世界の上場株式時価総額	74.7
債券市場	102.8
プライベート投資 **	5
・ベンチャー・キャピタルおよびプライベート・エクイティ	
・不動産	
・インフラ	
合計	182.5

* SIMFA Capital Market Fact Book (2019)
** McKinsey Global Private Markets Review (2018)

できる。

これまでのところ、インパクト投資を進展させた最大の投資家グループは、年金基金（38・3兆ドル）と資産運用会社（85兆ドル）である。まずは、年金基金から見ていこう。

年金基金

「年金基金」と聞くと、何が頭に浮かぶだろう？　私たちはたいてい年金がどのように投資され、年金基金のポートフォリオが世界にどのようなインパクトを与えているか意識することがない。だが、年金基金運用者の行動はとてつもないインパクトの力を持つ。世界の年金基金は2016年に38兆ドルで世界の投資資産合計の2割近い。[*14]

もし、年金基金運用者がリスク・リター

ン・インパクトを最適化したなら、ＳＤＧｓの達成に大きな助けとなるだろう。それに、自分たちの年金の運用方法に口出ししてはいけないということはまったくないのだ。

実際、年金加入者たちは、運用担当者が自分たちと同じような価値観を持って投資先を選んでほしいと思っている。イギリスのビッグ・ソサエティ・キャピタル（ＢＳＣ）が２０１７年に出した報告書によれば、ほぼ半数の年金加入者が、健康、公的介護、環境問題、住宅などの分野で、彼らの価値観に沿う企業に投資をしたいと考えていることがわかった。[*15] この思いを年金基金運用者に伝える人たちもいて、年金基金運用者のアプローチが世界中で変わりつつある。加入者からのプレッシャーとＥＳＧ投資のトレンドを踏まえて、年金基金の投資ポートフォリオは変わり始めた。

ヨーロッパの年金運用会社、とくにオランダの運用機関はこの点で先頭を行く。国連が２０１５年にＳＤＧｓを公表すると、オランダは目標達成の行動計画を作成した。２０１６年12月、年金基金、保険会社、銀行がオランダＳＤＧｓ投資行動計画を共同で策定した。

この計画は、サステナブル投資を支援する国民的合意を生み出した画期的なものだった。調印した18機関の運用資産は合計で3兆ドルを超える。２１８０億ユーロ（２４２０億ドル）を運用するＰＧＧＭ、[*16] ５０５０億ユーロ（５６１０億ドル）を運用するＡＰＧ、[*17] １３００

億ユーロ（1440億ドル）を運用するMNなど、オランダの大手年金基金が入っていた。

SDGs投資行動計画への署名にあたっての考えを、MNの最高投資責任者ジェラルド・カルティニーはこう説明する。「経済的リターンに焦点を合わせるだけでは、将来年金を受給する人たちの生活の質を保証するのに十分ではありません。そもそも私たちはサステナビリティ（持続可能性）を投資ポートフォリオに取り込み、可能な限りSDGsに貢献するようにしています」[*18]

PGGMは世界有数のインパクト志向の年金基金だが、およそ120億ユーロ（133億ドル）を気候変動、食糧安全保障、水不足、健康の4つのSDGsテーマに投資している。[*19] そして投資額を少なくとも200億ユーロ（222億ドル）に上積みすることを目標にしている。[*20] PGGMの責任投資担当シニア・アドバイザーのピート・クロップは、組織はカルチャーを変えつつあり、「責任をもってインパクトの測定達成に努め、徐々にインパクトの管理をすると決めたのは、素晴らしいことだ」と言う。[*21]

同様に、オランダの金属工業・電機電子産業の年金基金PMEは、2017年はじめ、450億ユーロ（500億ドル）のポートフォリオのうち10%をSDGsに振り分けると発表した。この新たな戦略は、低価格で持続可能なエネルギー、働き方、経済成長、持続可能なイノベーションと持続可能な都市に焦点を当てる。2018年末には、PMEは投資の8・8%をSDGsに配分し、間もなく目標の10%を達成できるだろうとした。[*22]

オランダの公務員年金基金ABPは「高度なサステナブル投資」への資産配分を2倍の580億ユーロ（640億ドル）にしたいと述べた。優先させるのは、二酸化炭素排出量の削減、教育への投資、安全な労働環境の促進、人権尊重、児童労働の撲滅である。[*23] ABPはまた、たばこと核兵器からすべての投資を引き上げると発表した。その額は33億ユーロ（37億ドル）と推定される。その他の大手オランダの基金もまた、近年、ポートフォリオからたばこメーカーを外している。[*24]

ノルウェーのKLP、スウェーデンのAP基金、デンマークのデンマーク年金やイギリスの確定拠出年金制度である国家雇用貯蓄信託（NEST）など、その他の国でも、ますます多くの年金基金が同じ方向に向かっており、それぞれの基金の年金加入者が特に懸念する問題に力を入れている。そこで、NESTは資産を「気候変動に配慮する」投資戦略に移行し始め、二酸化炭素排出量の多い企業への投資を減らし、再生可能エネルギーの企業に多く投資を回すようになっている。[*25] NESTの最高投資責任者マーク・フォーセットは、NESTの最年少の顧客はわずか17歳だと言い、「加入者のために責任ある長期投資家として、気候変動リスクを無視するわけにはいかない。私たちは気候変動問題解決に寄与する1人となることにコミットしている」と話す。

イギリスでは、ＨＳＢＣの年金基金が気候変動に重点を置くファンドを設定し、若い加入者が一般的に選択できるようにした。[*26] 基金の加入者のおよそ60％は、40歳以下だから、気候変動に重点を置けば彼らに訴えるところが大きく、投資の選択をもっと真剣に自分のこととして考えるだろうと同基金は信じている。[*27]

当時基金の最高投資責任者だったマーク・トンプソンは、こう言う。「ＥＳＧリスク管理を標準的な投資プロセスに組み込むことは、受託者責任に沿うことだと、うちの役員会は考えていた」

年金基金の仕組みからして雇用主は雇用者の投資選択に大きな影響を及ぼす。通常、運用委託機関は彼らが選ぶため、社員の選択の幅を大きく狭めることになる。さらに、アメリカなどの国では退職金制度に加入している人の60％が自動的に年金貯蓄に入るようになっているから、雇用主が資金配分を選択していることになる。[*28] そして大半は社会責任投資を選ばない。ましてやインパクト投資は選ばない。

この状況を是正しようと、フランスは新たなモデルを提唱して、年金貯蓄者がインパクト投資を選びやすいようにした。「90／10連帯基金」は資産の10％を「連帯分類」（インパクト投資と似た分類）と呼ばれる未上場の社会的企業に配分し、残り90％は社会責任投資のガイドラインに沿った従来の上場企業に投資する。社員50人以上の企業は、90／10連帯基金を選択肢に入れなければならない。[29] 2018年までに、100万人以上の人がこのタイプのファンドに投資をしている。金額にして合計100億ユーロ（111億ドル）にのぼる。[30]

このアプローチは世界中で容易に模倣できる。この優れた点は、年金加入者は、資産の90%をESG投資に回し、同時にインパクト投資も試しに始めることができる点だ。この理由から、BSCなどのイギリスの投資家は、フランスの「連帯」モデルに追随した「社会的年金基金」を提唱している。[31]

アメリカはヨーロッパに後れをとっているが、影響力あるアメリカ最大手の年金基金は同様の方向に動きつつある。カリフォルニア州職員退職年金基金（カルパース）の加入者は190万人を超え、[32] 3800億ドル以上の資金を運用している。[33] アメリカの大手年金基金の一角を占めるから、その行動に市場は注視する。[34] カルパースは企業の大株主としてのパワーと影響力を行使して、企業に行動を変えて正しい行いをするよう圧力をかけている。

たとえば、カルパースは、気候変動アクション・イニシアチブ「クライメイト・アクション100+」の主要メンバーだ。これは機関投資家のグループで、化石燃料を多く消費する企業に方針転換を求めている。[35] 今までに、数社の大手企業から約束を取り付けている。ロイヤル・ダッチ・シェルは温室効果ガス排出量を低減する具体的目標を設定し、コミットした。鉱業会社グレンコアは石炭事業拡大の中止に同意した。輸送用コンテナ会社、マースクは2050年までにカーボン・ニュートラル達成を約束した。

2830億ドルを運用するカルパースの姉妹基金で2830億ドルを運用するカリフォルニア州教職員退職年金基金（カルスターズ）もESGの重責を担うこととした。[*36] 投資リスクを評価するときに考慮する21のESG要因のリストを明らかにしている。[*37] たとえば、カルパースは人種、性、身体障害などの要因で差別する企業や、「気候変動に適切な注意を払わない」企業は長期的投資収益にリスクがあるとみなす。

カルパースと同様、カルスターズもその影響力を行使して、企業の行動に圧力をかけている。ヘッジファンドのジャナ・パートナーズと共同でカルスターズはアップルの取締役会に宛てて書簡を出し、子供たちがアップル製品を安全に使えるようにもっと配慮するよう求めた。[*38] iPhoneを使用することで授業中に注意を集中できない子供が出てきていることや、さらには鬱病や自殺などの深刻な健康上のリスクを招いていることを示す調査を引用して、このように書いている。「若年消費者がアップル製品を適切な方法で使えるように、アップルは親に対してより多くの選択肢やツールを提供する必要が明らかにあると考えます」。この公開質問状は、この問題に世界の注目を集めた。さらに2つのファンドは合わせて20億ドル相当のアップル株式を保有していることから、アップルに多大なプレッシャーを与えた。

カルスターズは方針として、株を売却する前に、会社と対話することを義務付けているが、売却処分に訴えることは常に選択肢としてある。カルスターズの理事でありカリフォルニア州財務長官ジョン・チャンは、「投資先との対話は重要不可欠な第一ステップです。しかし、それが実際の行動に結びつかなければなりません。さもなければ、株の売却処分などの行動もオプションとして持っておきます」という。

もちろん、カルスターズの最高投資責任者クリストファー・エイルマンが言うように、このようにして変化を起こすことは、「いやになるほど難しいし、時間がかかる」。そこで、カルスターズは徐々にインパクトに基づく投資の数を増やす方向で動いている。2017年には初めてソーシャル・ボンドを購入した。それは世界銀行の傘下の組織が発行し、小規模農家が生産する農産物を調達し、低所得者層に保健・教育サービスを安価で提供する企業に投資するものだった。「金融の手段を使えば、業績をあげる可能性があるだけでなく、社会に役に立つこともできる。三方よしです」とエイルマンは言う。

だが、何といってもスター的存在は日本の年金積立金管理運用独立行政法人（GPIF）だ。同社は世界最大の年金基金で1兆5000億ドルを運用している。[*39] 基金の最高投資責任者だった水野弘道氏は、二宮尊徳の教えを信奉している。二宮尊徳は19世紀日本の哲学者で、「道徳のない経済は犯罪である。経済のない道徳は陳腐である」と説いた。[*40]

水野は年金の世界で最大のインパクト擁護者である。2017年、GPIFは環境および社会責任投資の株式配分を3%から10%に引き上げた。金額にして1兆円（95億ドル）から3兆5000億円（333億ドル）への増加である。これは世界のESG投資に大きな後押しとなった。アジアの小規模な基金が追随すれば、将来ESG投資を推進する可能性がある。[*41]

ESG投資戦略に、GPIFは国連の持続可能な開発目標（SDGs）などの国際的ESG基準を利用して構成したFTSE（フッチー）ブロッサム・ジャパン・インデックス、[*42]MSCI日本株女性活躍指数（WIN）、業界で最高のESG評価を得ている企業を対象とするMSCIジャパンESGセレクト・リーダーズ指数などさまざまなインデックスを選択した。[*43]

これらの例から、保守的な年金基金の世界もリスク・リターン・インパクトの新しい考え方に関心を持つようになってきたことがわかる。とはいえ、まだまだ少数派でしかない。年金基金の受託者は年金加入者に責任があるため、ポートフォリオをどう投資すべきか、それを直接決める力を持つのは年金加入者である。そして、今こそその力を使うべきときだ。

資産運用会社がインパクトを本流として捉える

リスク・リターン・インパクト投資へのシフトで、今日年金基金は2大プレーヤーの1つだが、もう1つは資産運用会社だ。インパクト投資は大手資産運用会社のなかで徐々に本流となりつつある。UBSは現在、資産2・7兆ドルを抱える世界最大の富裕層向け資産運用会社であるが、[*44][*45]持続可能性は事業の重要な基盤であり、[*46]SDGsを促進するためにインパクト投資に50億ドル募集することを目標に設定したと公表した。同社はすでにライズ・ファンドに3億2500万ドルを集めている。このインパクト投資ファンドは、U2のリード・シンガー、ボノと共同で設立したもので、TPGが運用している。ボノは際立ってアクティブな慈善家で、社会の進歩のためにインパクト投資を活用することを強く提唱している。

UBSはSDGsの熱心な擁護者で、この目標を達成するには、民間資本が極めて重要だと強く信じている。2018年の時点で、UBSのESG資産は630億ドルから3倍の2000億ドルを上回る規模になっている。[*47]「ESGは顧客にわが社とのつながりを感じ続けてもらうのにますます不可欠なものになってきている」と同社のサステナブル投資とインパクト投資の責任者マイケル・ボールディンジャーは言う。

情報の欠如のせいで民間の投資家がインパクト投資に思い切って踏み切れずにいる可能性があることから、[48] UBSはアライン17(Align17)というインパクト投資の機会を扱う電子市場を作る手伝いをした。[49] UBSオプティマス財団もまた「女子児童に教育を」デベロップメント・インパクト・ボンド(DIB)に投資をしている。これはインドの教育を支援するものだ(第5章で論じる)。この債券の成功を受けて、UBSはさらに2つのインドのDIBに投資をした。1つはラジャスタン州における乳児死亡率と妊産婦死亡率減少を目的とするもので、[50] もう1つは、教育改善を目的とする。[51]

ゴールドマン・サックスもインパクト投資に関与する大手資産運用会社だ。同社はアメリカで最初のSIBでリード・インベスターとなった。それは、ニューヨーク市の主要刑務所であるライカーズ島から出所した服役者の再犯率を減少させることを目的としていた。[52] 2016年、ゴールドマン・サックスはインパクト投資顧問会社インプリント・キャピタルを買収した。[53] 当時、ESG資産は5億ドルほどだったが、2017年には、その数字が急増して106億ドルになっていた。[54] インプリント・キャピタルの共同創業者ジョン・ゴールドスタインによれば、社会的責任投資に資産を入れようと考える大手投資家が増えてきているとのことだ。「『資産をちょっと使ってこれをやったらどうだろう?』ではなく『うちのポートフォリオ全部でやったらどうだろう』と言うようになってきている」

とゴールドスタインは言う。イギリスの資産運用会社、シュローダーは、同様の動きをとり、マイクロファイナンスの専門会社ブルー・オーチャード・ファイナンスを買収した。

インパクト投資への関心が高まりつつあることを示す好例は、市場の専門家の動きだ。著名なプライベート・エクイティ会社はインパクト投資に移りつつある。インパクト投資に特化したインパクト・ファンドを立ち上げるところも出てきた。40億ドルの資金を集めたTPG、ベイン・キャピタル、KKR、パートナーズ・グループなどがそのよい例だ。さらに、カーライル・グループのインパクト投資グローバル責任者ミーガン・スターは「インパクトに投資をしない限り高いリターンを得ることは不可能になってきている。それは経済の実態を反映している」と言う。[*55] これらの会社のインパクト・ファンドは、大手の機関投資家、個人の富裕層、そして彼らの資産を管理するファミリー・オフィスに支えられている。2017年のグローバル・ファミリー・オフィス報告書は、ファミリー・オフィスの40%はインパクト投資への配分を翌年増加させる計画であると報じている。[*56]

UBSのグローバル・ファミリー・オフィス・グループ責任者サラ・フェラーリは、富裕層家庭でミレニアル世代が影響力を強めていることがこの動きに表れているという。「ファミリー・オフィスがその投資経験を活用して、社会目的を財務の世界の問題に変えるチャンスです」とフェラーリは言う。「そうすることで、家族が話し合って目的を作り、一体となる手助けをするのです」。今後20年間に、世界の超富裕層の資産の40％に当たる3・4兆ドルが相続されるため、この傾向は勢いを増す一方だ。

大手企業も、一般投資家がESGとサステナブル投資をできるようにし始めた。バンク・オブ・アメリカ・メリルリンチ、モルガン・スタンレーは両者ともさまざまなインパクトをテーマにしたESGファンドを小規模の投資家に提供している。たとえば、モルガン・スタンレーは「インパクト・プラットフォームと共に投資を」を立ち上げ、「カトリックの価値観」、男女平等などから気候変動を意識したものまで、さまざまな価値観に基づくテーマの投資商品を120以上提供している。*57 同社は金融アドバイザー用にオンラインの研修コースを開発し、もっとESG投資を学んでもらおうとしている。*58 何百万人というアメリカ人が彼らに資金管理を頼っているから、金融アドバイザーを教育することはインパクト投資を一般投資家に広げる一助となる。

最大の資産運用会社ブラックロックは7兆ドルに近い運用資産を抱えているが、インパクト投資がこれから主流になると確信している。「サステナブル投資は将来中枢をなすものとなるだろう」とCEOのラリー・フィンクは言う。*59 フィンクはサステナブル投資、すなわちESGは、運用益を犠牲にすることではないと信じている。「長期的にはサステナブル投資は、少なくとも主流の投資と同レベルになる兆候が見えてきている。それどころか、より高いレベルになると個人的には信じている」と彼は言う。
新たにインパクト投資を専門とする会社の数が増えていることもインパクト投資が市場レベルの収益率を出せると示すのに役立っている。2000年代初めに出現してから、これらの専門会社の優れた実績で信頼を築き、大規模な運用会社への地固めをした。これらの会社のリーダーは投資の世界の出身者もいるが、社会起業家の中からも出てきている。彼らが異なる投資アプローチでインパクトと収益の両立が可能であることを示してきている。
このグループで顕著なリーダーは、ジェネレーション・インベストメント・マネジメントだ。2004年にアル・ゴアとデービッド・ブラッドが設立したサステナブル投資運用会社で、200億ドルほどを運用している。同社は「持続可能な資本主義」構想を推進している。それは、「企業も投資家も、ESGのすべての重要な測定基準を満足させ、長期的価値を創造・最大化することを求める金融システムと経済システム」である。[*60]
トリオドス・インベストメント・マネジメントもグローバルなインパクト投資専門運用会社で、35億ユーロ（39億ドル）の運用資産を持つ。[*61] 同社は1980年に設立されたオランダの社会的銀行トリオドス銀行の子会社である。[*62] 彼らの戦略は、環境に優しい再生可能なエネルギーを支援し、マイクロ起業家に信用供与することで金融包摂を推進し[*63]、環境に優しい持続可能な農業を支援するものである。[64]

私が共同設立したブリッジズ・ファンド・マネジメント[65]もインパクト投資の分野では早くからリーダーとなっている。同社は２００２年から社会の大きな課題解決のためにインパクト投資をツールとして使ってきている。10億ポンド（13億３０００万ドル）[66]を上回る資金を調達して、イギリス、アメリカ、イスラエル[67]の中小規模の起業家、不動産、社会事業分野の組織に投資をし、十分なサービスを得られていない地域で雇用を創出し、健康と教育を改善し、二酸化炭素排出量を減らす革新的な方法を見つけてきた。すべてしっかり収益をあげつつ、やってきた。[68]

他にもインパクト投資に特化した先駆者がいる。２００７年にアンディ・クーパーが設立したリープフロッグ・インベストメンツはその１つである。同社はアジアやアフリカで十分なサービスを受けられずにいる人々に対して金融とヘルスケアを提供する企業に投資をしてきている。投資先企業のサービスは、現在１億８０００万人に提供されている。[69]カリフォルニアのＤＢＬパートナーズはナンシー・ファンドがリーダーとなり２００４年に設立された。社名のＤＢＬは「ダブル・ボトム・ライン」の頭文字をとったものだが、それからわかるように、同社の戦略は、トップクラスのベンチャー・キャピタルと同等の収益をあげると同時に、社会・環境・経済でプラスのインパクトを与えることを目標としている。テスラは同社の投資先の1つである。[*70]

アメリカ西海岸のベンチャー・キャピタル、ソーシャル・キャピタルは2011年に以前フェイスブックの役員を務めていたチャマス・パリハピティヤが設立した会社で、「世界のもっとも困難な問題」に取り組む革新的なテクノロジーの会社に投資をする。[*71] ニューヨークの非営利ベンチャー企業アキュメンは、2001年ジャクリーン・ノボグラッツによって設立された。世界の貧困に目を向け、アジア、アフリカ、中南米の農業、教育、エネルギー、ヘルスケア、住宅、水、下水処理の分野の問題に取り組む。他にも注目すべき会社としては、1999年にマサチューセッツ州で設立され、小規模農家に焦点を当てたルート・キャピタルがある。2001年に設立されたアビシュカールはインドで十分なサービスを得られていない地域の開発に焦点を当てている。[*72]

こういったインパクト投資専門会社は、この運動の最先端をいく。彼らはインパクト投資の論理、力と成功を広く知らしめ、大企業が時代遅れのリスク・リターンモデルから抜け出して、リスク・リターン・インパクトのモデルを採用するよう拍車をかけている。

新たな現実に投資をリセットする

今まで見てきたように、投資のリーダーはインパクトに移りつつある。資産運用者は顧客の要望に応えて、人々の生活と地球をよくする投資商品を導入している。もちろん、同時に魅力的な収益をあげなくてはならない。次章で詳細を説明するが、インパクト加重会計の出現で、投資決定に必要な正確なデータが得られるようになり、プラスのインパクトをもたらす企業に投資できるようになるだろう。

リスク・リターン・インパクトの概念は、本流の投資家の間で急速にニュー・ノーマルとなりつつある。世界を変えるために、私たちは手始めに、ビジネスの進め方を変えなくてはならない。まずは、お金をどこに、どうやって投資するか、から始めよう。多くの資金がＳＤＧｓに集まってきている。世界の投資家はこのＳＤＧｓの目標を採用して、自身の投資戦略や商品のラインアップを再構築している。機関投資家が投資戦略にインパクトを取り入れ、世界経済を大きく変え、インパクト経済を現実のものとしつつある。

消費者の価値観が変わり、マイナスのインパクトを与える企業からプラスの影響を与える企業に投資が移ったように、インパクトを事業に組み込む企業に投資することで、投資家の行動もまた、企業に影響を与えるようになってきている。これが、インパクト革命の次のステップである。

第4章

インパクトを事業に組み込む

インパクトは測定可能、比較可能である

「革命は進行中。さて、私たちは何をすべきでしょうか?」

ダノンのCEOエマニュエル・ファベールは、2017年にベルリンで開催されたコンシューマー・グッズ・フォーラムでこのスローガンをかかげた。[*1] フランスの国際的食品メーカーのリーダーは、滋養ある食品が手に入りやすくなったことなど、食品業界は誇れることも達成してきたが、糖尿病、肥満などを広めた責任があり、地球の資源枯渇にも加担していると論じる。[*2]

「食糧は貴重です」とファベールは言う。「私たちは、食糧を生活必需品と呼びました。

消費財にしました。市場の力で需要と供給を動かすようにしました。塩は生活から切り離すことができなくなりました。油も、砂糖も。システムは限界に達しましたが、その限界を超えようとしています。では、止まればいい？　いや、止まれません。消費者が認識をしていないからです。食糧の生産から流通・消費までの一連のフードシステムで、人々は食品から切り離されているからなのです」[*3]

不健全で、大量生産された商品を追放するよう食品業界に声をかけるだけでは満足せず、彼は事業のパーパスを根本から再定義することもまた論じた。「市場経済の究極の目的は、社会正義以外の何物でもありません」と彼は言う。「これはビジネス・センスの問題です」[*4]

ファベールは競争相手を叱責しただけではなかった。ダノンの企業理念「One Planet. One Health」（人々の健康と地球の健康は相互につながっている）に対して、「『聞こえはいいけど、実行した証拠は？』と言われるかもしれない。おっしゃる通りだ」。彼はまた、こう告白する。「私は自分の下した多くの決定を恥ずかしく思っています。私たちは完璧な姿からは程遠い」[*5]

ファベールがこの熱の入ったスピーチをしたとき、ダノンにはＥＤＰ部門（チルド乳製品部門）、専門栄養食品（乳幼児向け食品、医療用高度栄養食品）、水といった事業部門があり、

2017年には280億ドルの売上をあげていた。また、小規模とはいえ、すでに試験的に社会的インパクト・プロジェクトを始めていた。[*6]

2年後の2019年8月、アメリカの大手企業のCEOが加盟する財界ロビー団体ビジネス・ラウンドテーブルが、企業のパーパスに関する声明を181人のCEOの署名入りで発表した。[*7] ビジネス・ラウンドテーブルの会長を務めるのはJPモルガンのCEOジェイミー・ダイモンである。加盟企業は合計1500万人以上を雇用し、毎年7兆ドル以上の売上をあげている。[*8] ビジネス・ラウンドテーブルは大企業を代表する力のある保守的なグループであり、1997年以降に発表されたコーポレート・ガバナンス原則は「企業は主として株主のために存在する」という株主第一主義を掲げていた。つまり、企業は儲けるために存在するとした。

2019年の声明はその原則を覆すもので、企業は株主に責任を持つのみならず、顧客、社員、取引先、コミュニティにも責任があるとした。「すべてのステークホルダーが重要不可欠な存在です。私たちの会社、私たちのコミュニティ、そして私たちの国の今後の成功のために、私たちはすべてのステークホルダーに価値を提供することを約束します」と声明はうたった。

ビジネス・ラウンドテーブルが声明を発表した同じ週に、フランス大統領エマニュエル・マクロンは会議を招聘し、34社をエリゼ宮に招き、「包摂的成長を目指すビジネス（B4IG）」イニシアチブを始めた。私もこの会議に招かれた。ここに集まった大企業は、合計300万人を雇用し、1兆ドルの売上をあげている。彼らは「直接雇用でも、サプライチェーンを通じた雇用でも人権を推し進め、包摂的な職場を築き、バリューチェーンとエコシステムにおける包摂性を高める」ことで不平等と戦うとした。[*9] そして、経済的平等と社会的包摂を後押しすると約束した。[*10]

このイニシアチブは、2013年にポール・ポールマンやリチャード・ブランソンなどの著名なビジネス・リーダーによって設立された組織、Bチームによる「企業のリーダーシップに新たな規範を作る」努力に追随するものだ。

これらのCEOが、たんに利益を追うのではなく、社員、コミュニティ、そして環境に対してビジネスが与えるインパクトを優先し、焦点を当てるようになったのはどうしてなのだろう？　簡単に言ってしまえば、消費者と社員の価値観が変化するのを見て取り、これが投資家にも通じることだと理解したということだ。生き残るためにはプラスのインパクトをもたらさなくてはならないと彼らは認識するようになったのだ。

すでに見てきたように、投資家はプラスのインパクトを作り出そうとする企業に31兆ドルを振り向けるようになってきている。投資家が言うことなら、企業は耳を傾ける。取締役会でインパクトの話題が活発に議論されない会社は世界にほとんどない。

消費者行動の大きな変化は、誰の目にも明らかだ。ユニリーバが最近発表した調査研究では、消費者の3分の1は、社会あるいは環境によいことをしていると思うブランドの製品を購入すると答えた。[*11] 他にも多くの調査が同様の傾向を示している。消費者は、社員を大切に扱い、社会と地球にプラスのインパクトを与える会社を支援したいとますます思うようになってきている。

今日、かつてなかったほど消費者は容易に自分の価値観に沿って購買できる。それを手助けするアプリすらある。たとえば、Buycottというアプリがある。「お財布で投票」[*12] をさせるアプリで、27歳のプログラマー、アイバン・パルドが2013年に立ち上げた。このアプリで商品バーコードをスキャンすると、製造元企業の情報にアクセスできる。社員をきちんと待遇しているか、製品テストに動物を使っていないか、人権を支援しているか、などがわかる。[*13] Buycottは、消費者からクラウドソーシングで製品情報を得て、192カ国で「良心に基づいて買い物」をすることができる。[*14]

パルドは、「あなたが使う1ドルは、あなたがどのような世界を望むか投票しているようなものです。あなたの価値観に反する会社の商品を買うたびに、そのような価値観が基準となるのを許して加担することになります。私たちが願っているのは、何を買うかで世界を変える力を消費者が使えるようにすることです」[*15]と言う。

パーパスに基づくブランドの増加を扱ったアクセンチュアの報告書は、これを「徹底的に見えてしまう時代」と呼び、「この現実の中で、競争優位性を得ようと努力する企業は、かつてないほど注目を集めている」と言う。[*16]

徹底的に見えてしまうことで、さまざまな消費財に変化の波が生じてきている。コカ・コーラは飲料に含む砂糖の量を減らしている。[*17]ネスレは商品に含まれる塩と砂糖の量を減らしている。[*18]マースはもっと健康によいスナックを発売し、[*19]健康によいスナック・バーを製造するカインド社の少数株主となった。[*20]ナイキは衣料にリサイクル原料を使い、レゴは植物由来のプラスチックを使って「持続可能なブリック」を開発している。

意識の高いリーダー、ユニリーバのCEOポール・ポールマンは、号令一下、環境に悪影響を与えるインパクトを減らすために全商品を作り直した。2013年に同社は、ガス排出量50%削減、包装25%削減、二酸化炭素排出量をおよそ25%減少させた「濃縮防臭剤」をシュア、ダヴ、ヴァセリンの各ブランドで立ち上げた。[*21]さらに、同社は他のメーカーに同社の濃縮技術をエアロゾルに利用するよう呼びかけ、「利用方法」を書いたガイドブックを印刷して他社がこの技術を採用できるようにした。製品を市場に出す手伝いをしてくれた納入業者の詳細まで提供している。[*22]

自社が環境への悪影響を減らすよう取り組むだけでなく、ユニリーバは消費者が節水して環境に優しい行動をとる手伝いもしている。開発途上国、新興国では、水がふんだんにはない。家庭で使われる水の40％は衣類を手洗いするのに使われ、そのうち70％は石鹼の泡を洗い流すのに使われる。そこで、迅速に石鹼の泡を分解する新たな泡立ち防止剤微粒子、スマートフォームが導入された。これにより、日々消費する水が少なくて済むようになった。

その他の多国籍企業も新しい持続可能な包装材を開発している。２０１７年にネスレウォーターズは、ダノンと、オリジン・マテリアルズというスタートアップ企業と協力して、ナチュオール・ボトル・アライアンスという研究コンソーシアムを立ち上げた。このコンソーシアムの目的は１００％再生可能な材料で作られたバイオ由来のペットボトルを開発することで、まだ試作段階だが間もなく量産も実現するだろう。[*23]

また、コカ・コーラなどの多国籍企業も、植物由来のペットボトルを商業規模で製造しようとしている。コカ・コーラは２００９年から、一部バイオ由来のペットボトルを製造している。このプラントボトルは、１００％リサイクル可能なボトルで、30％は植物由来の材料で作られている。[*24] ２００９年から２０１５年の間に40カ国近くで３５０億本以上が流通し、31万５０００トンの二酸化炭素排出を削減した。[*25] バイオ由来のプラスチック市場は、2023年には130億ドル規模に達すると予想されている。[*26]

社会にプラスのインパクトをもたらす製品に対する消費者の関心の高まりを考えれば、インパクトを取り込むのがビジネスにプラスになるのは当然のことだろう。クノール、ダヴ、リプトンなどを揃えたユニリーバの「サステナブル・リビング」ブランドは、他のブランドよりも50%急速に伸びており、同社の成長の60%以上を支えている。[*27] 商品ラインをインパクトの観点から見る努力は、選択肢を狭めるどころか、新たな機会をもたらし、成長と利益に大きく貢献している。

インパクト思考の利点は利益に限らない。プラスチック使用に罰則を設けるなどの新規制や課税などの長期的なリスクは、インパクトをビジネスに組み込むことで減らすことができる。生産性の向上、廃棄物減による経費削減、サプライチェーンでの効率化、人材獲得・確保の改善なども見込まれる。

Bコープ認証を得た企業は、有能な社員を採用しやすいことは想像に難くない。[*28] ミレニアル世代はアメリカの労働人口の半分を占める。[*29] 2016年のコーン・コミュニケーションズによるミレニアル社員のエンゲージメント研究によれば、ミレニアル世代の75%は、社会的責任を果たす会社で働くのであれば給与が下がってもよいとした。ミレニアル以外の世代では、この数字は55%だった。[*30]

だが、社会的責任を果たす会社になるというのは、実際には、どういうことなのだろう？　複数のステークホルダーに責任を持つ企業と、株主だけに配慮するがいくつかの慈善事業に寄付をする企業とでは何が違うのだろう。また、インパクトを志向する企業は、CSR（企業の社会的責任）予算で慈善行為をする従来の企業とどのように違うのだろう？

ハーバード・ビジネス・スクールで企業戦略を教えるマイケル・ポーター教授は、企業におけるインパクトの役割を考察する世界有数の存在だが、彼は「共通価値」という明確なビジョンを説く。[*31]「慈善活動とCSRは、『社会還元』あるいはビジネスが社会に与える害の最小化に焦点を当てる。共通価値は、企業リーダーが社会問題を解決することによって競争上の価値を最大化することに焦点を当てる」。それは、「新規顧客獲得、新規市場開拓、経費削減、人材確保などを通じて」実行される。[*32]

CSRを真剣に受け止める企業は通常、事業の進め方を根本的に変えるのではなく、利益の一部を寄付して企業市民活動を行う。インパクトを組み込むことを模索する企業は通常、商品やサービス、事業運営が環境に及ぼす影響を精査することから始める。最先端をいく企業では、事業全体でインパクトを組み込む方向に動いている。測定可能なインパクトの目標を設定し、ベンチマーク値と比較し、社会に悪い影響を与える事業を切り離し、社会にプラスのインパクトを与える事業に注力する。

これらの企業の多くは、中核事業にインパクトを与えるビジネス・モデルを開発して、社会問題を解決する新たな機会を見出している。マイケル・ポーターの言葉によれば、「企業のパーパスは、利益そのものだけではなく、共通価値を創造するものとして再定義されなくてはならない。これが世界経済にイノベーションと生産性向上の次の波を呼び起こすことだろう」[*33]。

極めて革新的なビジネス・リーダーは、インパクトと利益を同時に増加させることが可能であることを彼らの会社で実証している。だが、リスク・リターンからリスク・リターン・インパクトに切り替えることは、製品、事業運営をはじめ、事業のすべての局面に影響を与えることになるから、インパクトに動き出したばかりの企業は、異なる方法、異なる分野から始めている。

こういった企業をもう少し詳しく見ていこう。ダノンとイケアはインパクトを会社全体に組み込もうと努力している。チョバーニとアディダスは事業の特定の分野でインパクトをもたらそうと努力している。

現実を直視する

2005年、当時ダノンのアジア太平洋地域担当上級副社長だったエマニュエル・ファベールは、同社のCEOフランク・リブーとノーベル平和賞受賞者でマイクロファイナンスの父として世界中で知られるムハマド・ユヌスとのランチをアレンジした。[34] 会食で、ユヌスはリブーに「バングラデシュにいらして、御社の最初の社会的企業を起こしたらいかがですか」と促した。[35] リブーは賛同し、2006年にユヌスのグラミン銀行とダノンはグラミン・ダノン・フーズ・ソーシャル・ビジネス・エンタープライズを設立すると発表した。[36]

バングラデシュは、世界でも最悪の栄養状態にあり、この問題と戦うために、このベンチャーは子供たちに安価で栄養価の高いカップ入りヨーグルトを提供することとした。[37] ダノンは利益が生じれば、同様の運動に再投資することを約束した。[38]

大手多国籍企業である同社にとって、このベンチャーはごく小さいものだった。ボグラに建てられたヨーグルト工場はダノンの通常の工場の1％の規模で、生産能力は限定的だった。[39] だが、イノベーションという点では、他を圧倒するものがあった、と工場を設計したダノンに長く働くエグゼクティブはこう言う。「それは私がブラジルやインドネシア、中国、インドで建築した巨大工場よりもはるかに先端を行くものだった」[40]

製品自体も革新的だった。ビタミンA、鉄、亜鉛、ヨードをヨーグルトに入れつつ酸っぱくさせないようにする方法と冷蔵輸送の手段を工夫しなければならなかった。さらに小売価格が10セント以下に収まるような低コスト生産方式を考える必要があった。[*41]

設立から10年経ったところで、このベンチャーは毎日10万個のヨーグルトを販売し、500軒ほどの地元農家から牛乳を購買し、訪問販売用に250人の女性を雇用している。[*42] そして、栄養強化型ヨーグルトを1日1カップ摂取することで、ボグラの子供たちの身長が高くなった。[*43]

あるジャーナリストは、「ちっぽけな工場は、開発途上国における製造の有意義な知識を教えてくれた。そして、工場設計、製品開発の分野で先進国企業にビジネスのヒントすら与えた」と言う。[*44]

グラミン・ダノンや類似の社会的企業に投資するために、ダノンはダノン・コミュニティーズ基金のもと、社会的革新を支援する一連の投資信託を作った。フランスの大手銀行クレディ・アグリコルと協力して、3000万ユーロは機関投資家、2000万ユーロはダノンから資金を得て、ファンドは5000万ユーロ（5550万ドル）を調達した。ファンドは社会的責任を果たす事業に投資することとした。2018年までに、ダノン・コミュニティーズ基金は15カ国、11社の支援をした。[*45]「投資先の地域で栄養不良の状況を緩和し、飲料水を安全にし、貧困の循環を断ち切るため」の支援をしている。[*46]

2008年、同社は保護団体と協力して、4000万ユーロ（4440万ドル）のダノン自然基金を設立した。それは「劣化したエコシステムを回復させ、地元経済を復興させ、気候変動と戦う」ことを目的としたものだ。[*47] そして2015年には、ダノンとマースは、サプライチェーンに組み込まれた小規模農家の暮らしを改善するために、家族経営農家の生活支援ファンドを作った。[*48] 1億2000万ユーロ（1億3320万ドル）のエバグリーン・ファンド（期限を限定しないファンド）が、企業やインパクト投資家、公的開発援助機関に門戸を開いた。[*49]

ファベールはダノンのソーシャル・インパクトの仕事が人材確保の点から、会社を強くしたと言う。ダノンの社員はインパクトのミッションに心から賛同する。全社的に実践可能な革新を起こし、会社に新たなエネルギーを吹き込み、このプロセスに疑問を投げかける人から新たな視点を学びつつ彼らを最終的に変えていく。[*50]

グローバル企業レベルで社会的インパクトを機能させるためには、「CSR、コミュニケーション、PR……ましてや個人的な善意でやるのではなく、とても広い視野が必要だ」とファベールは言う。[*51] グローバル企業がソーシャル・インパクトを追求するほんとうの理由は、企業のリーダーが現実から遊離していることを認識することだ、とファベールは信じている。[*52] 「地球の資源は無限ではない。社員や取引先を不当に扱うのは、生産的ではない。消費者の幸せを考えずに組織を経営するのは、ひどく欠陥のある事業計画だ」と彼は言う。
　このような考えから、ダノンは主要事業でインパクトを求めるようになった。2018年、北米事業部はダノンのイギリスやスペインの子会社に倣ってBコープになった。そして、今や世界最大のBコープとなっている。親会社は世界初の多国籍Bコープになることを目指している。[*53]
　ダノンはフォーブス誌の世界有力企業ランキングでトップ250社の1社であり、公衆衛生、栄養へのインパクトで3位にランクされている。[*54] 同社の「世界中のより多くの人々に、食を通じて健康をお届けする」というミッションは、多大な効果をあげている。[*55] 2017年にはアメリカ有機食品大手ホワイトウエーブ・フーズを125億ドルで買収し、栄養価の高い食品の提供を重要視することを世間に示した。これは同社が過去10年間に行ったなかで、最大規模の買収だった。[*56] この買収で、ダノンは世界最大の有機食品生産者となった。[*57] そして環境、倫理、健康への配慮から、乳成分を使用しない植物由来のものを求める生活スタイルへの消費者ニーズの高まりに応えられるようになった。[*58]
　ファベールはダノンが世界に及ぼすインパクトを改善させることをミッションとしているが、それは人間に限らず、生態系の健全にも及ぶ。2016年には新たな包装の方針を発表し、ファベールは「市場に出すプラスチック包装に、第二の人生を送らせたいと私たちは熱く願っています。そこで、私たちは100%リサイクルの方向に動くこととしました。また、100%バイオ原料の第2世代プラスチックの発売も計画しています」[*59]

このようなインパクトに移行するには、明確で測定可能な目標設定が必要である。ダノンはインパクトの目標をSDGsに関連づけると発表した。[*60] 2050年までにカーボン・ニュートラルを達成することとし、中間目標を2030年に置き、事業運営、包装、物流から生じる排出係数を2015年レベルから50%減少させるとした。[*61] ファベールはインタビューに応えて、長期的に先を見据えた野心的な目標を設定するのは、会社が進歩するのに必要不可欠なことであったと話している。「2008年の二酸化炭素排出削減プログラムで、今後5年間に30%減少すると自ら設定しましたが、毎年2%ずつ減少させるとしていたら、これほどの進歩を遂げることはできなかったでしょう」[*62]

2014年、それはファベールがCEOになった年だが、その年のコンファレンスで、彼は信じるところをこう要約した。「社会的な面を持たない経済は蛮行です。経済を考えずに社会的な面を見るのはユートピアです」[*63]。ベルリンで開催されたコンシューマー・グッズ・フォーラムのスピーチでファベールはこう語った。「ウォール街が言っていることとは異なり、見えざる手はありません。とくに正しいこと、誤ったことをするときには見えざる手はありません」[*64]

ダノンのような長い歴史を持たないアメリカのヨーグルト会社チョバーニは、雇用を通じて社会にインパクトを与えるアプローチをとっている。

説明責任、コミュニティ、感謝

2012年末、2人の難民姉妹が新たな生活を求めて、中近東からアメリカにたどりついた。[*65] ニーサとアムナの長く困難な旅は、アシッド・アタック（劇物の酸による攻撃）の脅威、死の脅威から始まった。窓のないトラックに押し込められ、十分に息もできなかった。一緒にいた子供はきつく押しつけられ移動中に亡くなった。[*66]

旅の途中、密輸業者によって彼女たちは母親と離れ離れにさせられた。ある夕方、彼女たちはウクライナの町に取り残された。知る人は誰もいない。姉妹はそれから4年間を自力で過ごした。母親に再び会うことはなかった。だが、ついに人道支援グループに助けられ、アイダホのツイン・フォールズに送られた。[*67]

世界最大のギリシャ・ヨーグルトの工場がちょうどツイン・フォールズにオープンしたところだった。姉妹はすぐにそこで職を得た。ある日、ニーサは、床の水をモップで拭き取るためにちょっと脇に寄ってほしいと男性に頼んだ。「彼は私を見て、『名前はなんていうの。どこから来たの？』と尋ねてきました。私はとても内気だったので、彼に尋ねられて、泣き出してしまいました。彼は私を抱きしめて尋ねました。『なんで泣いているんだい？』。私はとても感情的になっていました。私はどこから来たのか、どんなに辛い日々だったか、そしてなぜここで働きだしたのかを彼に話しました。彼はこう言いました。『心配することはないよ。ここは安全だ』」[*68]

その男性はハムディ・ウルカヤ。数十億ドルの売上を誇る会社、チョバーニのCEOで創業者だった。[*69]会社を設立して以来、ウルカヤは、「僕はビジネスマンではない」と言い、チョバーニを「反CEO戦略」と呼ぶいくつかの中核的な原則に基づいて経営してきた、と2019年のTEDトークで話している。この原則には説明責任、コミュニティ、感謝、（会社の取締役会ではなく）消費者に責任説明を果たすこと、責任を持つことが含まれている。[*70]

難民雇用はコミュニティを愛するウルカヤのやり方だった。2019年、チョバーニの社員の30％は難民と移民だった。[*71]「民間部門には、政府や善意だけでは解決できない危機に新たな解決策を見つけようとする強い動機がある」とウルカヤは書いている。[*72]他の雇用主を動かすために、彼は「難民のためのテント・パートナーシップ」という難民支援財団を設立した。

彼自身も移民で、トルコのクルド山地の羊飼いの村で育った。1990年代半ば、まだ若いうちに、彼はニューヨークに移りビジネスを学ぼうと決意した。[73] 2005年に彼は、マンハッタンから200マイル北にあるサウスエドメストンという小さな町で経営難に陥ったヨーグルト工場を買いとった。工場はニューヨーク州の「寂れた工業地帯」にあった。一時は多くの工場があり繁栄したが、1970年代には活動が止まり衰退していた。

ウルカヤは高品質のヨーグルトをアメリカに持ってこようと決めた。2年も経たないうちに、会社は「ギリシャ・ヨーグルト」として知られる商品を生産するようになった。アメリカでギリシャ・ヨーグルトは当時ヨーグルト市場の1%にも満たなかった。[74] 競合商品と比べて、「濃厚かつクリーミーで甘さが控えめ、プロテインが多い」ものだった。[75]

5年もしないうちに、チョバーニはアメリカでもっとも人気のあるギリシャ・ヨーグルトのブランドとなり、売上10億ドルをあげるまでになった。[76] チョバーニのおかげで、アメリカのギリシャ・ヨーグルト市場が成長したと多くの人が言う。2018年、ギリシャ・ヨーグルトはアメリカのヨーグルト市場の半分を占めるようになっていた。[77]

同社は、設立当初から社会的意識が高かった。市場を上回る賃金を払い、工場を操業する地元コミュニティを支援してきた。「持続可能性という言い方はしていなかったけれど、これが、私たちのやり方です」とウルカヤは2019年のサステナビリティ・レポートで言っている。このレポートで、同社のパーパスは、「世界中が早く健全になるようにすること」として、同社は、コミュニティ、企業運営、人、責任、サプライチェーンの5つの分野での持続可能性に焦点を絞ると概略を述べている。[*78]

その2019年のレポートの中でチョバーニはまた9つの「ノースター(北極星)目標」を打ち出した。これは今後4年間にビジネスの目標とするもので、「具体的、追跡可能、そして最重要事項として意義ある目標」を指す。目標は、大胆で会社に勇気を与え、「革新を推し進める」ように設計された。[*79] 製造用電力は100%再生可能エネルギーにすること、ウォーター・ニュートラルを製造工程で達成すること、ゴミ処理場に出す廃棄物をゼロにすること、業務用輸送車に再生可能燃料を使うこと、持続可能な材料調達、酪農従事者が健全に安心して働けるようにすること、持続可能な包装を行うこと、ダイバーシティ&インクルージョンを達成すること、ビジネス活動と慈善活動そして開発プロジェクトを通じて僻地を強化することなどが含まれる。[*80]

チョバーニは僻地を強化する多くの取り組みをすでに行っている。2019年には、ニューヨーク州での事業により、5年間で「地域の失業率を50%減少させること」に貢献している。[*81] 同社はニューヨーク州で1万人以上を雇用し、ニューヨーク州シェナンゴ郡では同郡の平均収入を42%上回る給料を支払っている。[*82]

チョバーニは同社の企業価値が数十億ドルと評価されたのち、2016年には社員に株式を与えるプログラムを始めた。彼自身の利益を分け与える理由を、ウルカヤはこう話す。「私はこんなに成功するとは思ってもいなかった事業を築くことができた。しかし、ここにいる人たち抜きにチョバーニが作られたとは思えない」[*83]。社員は同社株式の10%を所有している。[*84]

インパクトに焦点を当てた取り組みや事業運営のやり方を見ていると、ウルカヤは世界をよくするためのツールとしてチョバーニを使っているように見える。「私にとって、人生とは人々の生活をよくする何かを築くことなのです。これがビジネスの新しい進め方であるべきです。もしチョバーニが製品製造で貢献するのみならず、インパクトを生み出し、よい環境を作り出すリーダーになれるのなら、それは誇りとすべき財産だと思います」[*85]

チョバーニは雇用によるインパクトから始めたが、アディダスもまたビジネスの一分野でインパクトを与えるようになっている。同社は製品によって環境にインパクトを与えることから始めた。

再製造のために製造する

私たちがこれまでに作り出したプラスチック83億トンは、いまだに存在する。およそ4

分の3はプラスチックゴミになっている。[*86] そして、この莫大な量の使用済みプラスチックのうち、リサイクルに回されているのは10%に満たない。[*87] もし現状のようにプラスチックを製造し海に廃棄する傾向が続けば、30年後には魚よりもプラスチックのほうが多くなってしまう。[*88]

アディダスは世界第2位のスポーツウエア・メーカーであり、売上はおよそ220億ユーロ（244億ドル）に達していたが、2015年に環境保護団体「パーレイ・フォー・ザ・オーシャンズ」と協働を始めた。このパートナーシップは、海岸や沿岸地域で回収されたプラスチックをゴミにするのではなく再生することで「問題を解決に変え」、「高性能なスポーツウエア」を作ることを目的としている。回収されたプラスチック廃棄物（大半はペットボトル）は台湾のサプライヤーに送られて再生繊維が作られ、「アディダス×パーレイ」コレクションに使われる。[*89] 靴1足あたりペットボトル11本分のプラスチックが使われている。[*90]

両者のコラボが発表されて1年後に、アディダスは「海洋プラスチックゴミからリサイクルした初の高性能製品」を作り、2018年には「アディダス×パーレイ」コレクションで600万足の靴を製造した。このプロジェクトは同社が毎年製造する4億5000万足からすればわずかなものだが、[*91] アディダスは「2024年までに100%再生ポリエステルを使用します」と発表している。
もちろん再生繊維で作られた製品でも、やがては廃棄場に、そして海洋に出ていってしまう可能性がある。だからこそ、アディダスはそっくり再生できる材料から製品を作ることに挑戦している。6年間の努力の末、2019年に同社はループと呼ばれるランニング用シューズを発表した。それは「再生するために作られた」ものだ。[*92]他のスニーカーと異なり、靴全体が熱可塑性ポリウレタン（TPU）という単一素材で作られている。各部分は接着剤ではなく熱で接着されている。靴ひもやソールもTPUからできており、回収後は靴全体を粉砕しペレットにすれば、また別の靴の原料となる。[*93]最初の200足は、テスト用に配られたが、間もなく販売の予定である。[*94]
現段階では回収したループから新しいループ1足分の原料は取れていないが、アディダスは1対1の比率になる完全循環が近い将来達成できると期待している。[*95]初代のループ・スニーカー1足からは、新しい1足に必要な原料の10%分が取れた。
パーレイとループ・シューズの両方とも実験的なもので、同社は「フューチャークラフト」と呼ぶ。「限定数しか生産しない実用最小限の製品（MVP）でしかないとアディダスは認める」。[*96]だが、この製品規模を迅速に伸ばすことができるだろう。グローバル・クリエイティブ・ディレクターのポール・ガウディオは、3年から5年のうちに「何千万足ものループを販売できるようになるだろう」と推測する。[97]

ループ・シューズの「循環的」製造工程はいまだに試行錯誤の段階にある。配送用の箱と返信用ラベルを付けて靴を販売し、消費者がその靴を使い終わったらたんにそれを送り返せば新しい靴がもらえる仕組みも1つのアイデアだ。たぶん、サブスクリプション・ビジネス・モデルを使うことになるだろう。[98] 取締役のエリック・リートケは、こう言う。「私たちの夢は、同じ靴を何度も何度も履いていただくことです」[99]

アディダスのようにインパクトをただ1つの次元に絞るような会社は、大きなインパクトを与えられるのだろうかという議論がある。1つの分野の限られた活動で歓迎されるインパクトを作り出せるかもしれない。だが、同時に他の分野でマイナスのインパクトを出し続ける場合もありうる。このために、企業は全活動を通じて、プラスとマイナスを相殺し、プラスの正味インパクトを作り出すことを目的とすべきであり、それは根本的に重要なことだ。イケアはそれを試みる会社の一例である。

限りある地球の中で生きる

2018年、イケアは50以上の市場で422店舗を持ち、390億ユーロ（433億ドル）近い売上をあげていた。[100] また同社は世界の木材供給の1％を使用している。[101] この世界における立場とインパクトを与える能力を、企業幹部はよく理解していた。「当社の規模と顧客へのリーチ度を考えれば、限りある地球の中で、10億人以上の人がもっとよい生活を送れるように、刺激を与えて、実現させる機会が当社にはあります」。イケア・ブランドを所有するインター・イケア・グループのCEOトルビョーン・ルーフはこう言う。*102 イケア・ブランドのもとで多くのフランチャイズを所有・経営するインカ・グループのCEO、ジェスパー・ブローディンは、同社は3つの大きな理由からサステナビリティに真剣に取り組んでいるという。1つは、顧客が求めているから。もう1つは、希少な資源に責任を持つのは死ぬか生きるかの問題だから。そして最後に「私たちはそれが正しいことだと信じているからです」と言う。*103

「ピープル&プラネット・ポジティブ（人と地球によいことを）」というイケアの持続可能性戦略は2012年に始められた。2018年には、この戦略をSDGsと整合性を持たせるために更新し、3つの分野に集中することとした。「健康でサステナブルな暮らし」と「サーキュラー&クライメートポジティブ（循環型ビジネスに転換し、温室効果ガス排出量を正味マイナスにする）」と「公平でインクルーシブ」な社会を作り出すことの3つである。これを会社のバリューチェーンで始めることとした。*104 2020年までに化石燃料由来のバージン・プラスチックを使わないようにすること、2030年までには再生プラスチックあるいは再生可能な材料を使うことなどが目標とされた。同社は、この目標に向かって順調に進んでいる。2018年には、製品の60%に再生可能な材料、10%にリサイクルされた材料が使われるようになっている。そして木綿は100%、木材は85%を持続可能な調達源から手当している。[105]

温室効果ガス排出の最大の部分を占めるのは、原材料関連(38%)と、顧客の製品利用(23%)であると同社は推定した。[106]イケアは世界中で、手ごろな価格の家具を提供することで知られているが、もう1つ別の評判がある。それは、「製品は長く使うのではなく、使い捨てだ。すぐにゴミ処理場行きだ」というものだ。[107]アメリカだけを見ても、推定970万トンの家具が捨てられて、ゴミ処理場行きになっている。[108]これは小型自動車700万台以上に相当する重量だ。[109]

この維持不可能な状態と戦うべく、イケアは2030年までに、サーキュラービジネスへ100%転換させると約束した。これが意味するところは、「すべての製品が最初から、別の用途で使える、修理できる、再利用できる、再販売できる、リサイクルできる」ようにデザインされるということだ、とイケアのサステナビリティ最高責任者レナ・プリップ・コバックは言う。[110]

それはまた、消費者の行動を変えることを意味する。「今まで見て見ぬふりをしてきたが、持続可能ではない消費に向き合わなければならない」。同社の気候変動対策責任者アンドレアス・アーレンスは2019年にこう言った。[*111]「従来のビジネス・モデルから大きく脱却する」動きとして、2019年にスイスで家具リースを実験的に始めたのはその理由からだった。それは「拡張可能なサブスクリプション・サービス」の先鞭をつけることになるかもしれない、と言う。[*112]家具のリースが終了すると、消費者は他の家具を選ぶことができ、イケアは返還された家具を修理・修繕して、「製品寿命を延ばすことができる」。[*113]

こういった試みで、イケアは二酸化炭素排出量を15％減少させる目標に近づいている。この目標は思ったよりも野心的なものだ。成長予測を計算に入れれば、2030年までに各製品の二酸化炭素排出量を70％減少させなくてはならない。同社はまた、製造中止した商品の寿命を引き延ばせるように、予備の部品の提供を始めた。国によっては、マットレスなどの大きなものをリサイクルする運動も始めている。[*114]

イケアは消費者がもっとサステナブルな生活をしやすいように、製品のデザインを工夫している。リサイクルできる部品に簡単に分解できるカウチ、[*115]空気清浄機能のあるカーテン、[*116]低電力消費や節水機能付きの家電などがそれだ。[*117]また、同社は白熱電球の15倍長持ちし、エネルギー消費が85％少なくて済むＬＥＤ電球しか販売しないようにしている。今日、イケアのショールームに足を踏み入れると、リサイクルされた材料で作られた製品の多いことが見て取れる。ペットボトルのリサイクル素材で作られたバスケット、リネンの切れ端で作られたラグマット、家具保護フィルムから作られたスプレー・ボトルなどだ。[*118]

インパクトは同社の物流にも影響を与えるようになってきた。イケアは「運搬車両を完全に脱炭素化する」ことを目標としており、アムステルダム、ロサンゼルス、ニューヨーク、パリ、上海で始めている。ジェスパー・ブローディンはこう述べる。「気候変動は、脅威なんてものではない。それはもう現実だ」。大量消費用製品の小売業者は「この地球の資源と調和するビジネス・モデルを持たない限り、存続することはないだろう。この野心的な目標とビジネスでの野心的な目標が矛盾することはない[*119]」と言う。

このような考え方は本流になりつつある。たとえば、イギリスの銀行制度安定に責任を負っていたイングランド銀行前総裁のマーク・カーニーは、気候変動リスクを意思決定に組み込むよう企業に強く促し、環境インパクトを総合的に開示するよう求めた。カーニーが2015年に作った気候変動関連財務情報開示タスクフォース（TCFD：Task Force on Climate-related Financial Disclosures）は、1000人以上の署名を集めた。大量の二酸化炭素を排出する化学、エネルギー、運輸の企業もその中に含まれている。

イケアなどの企業が世界にプラスのインパクトを与えたいと考えていることは明らかだ。だが、そのインパクトをどのように貨幣価値化し比較するのだろう？　イケアやアディダス、ダノン、チョバーニは、社会や環境に悪い影響を与えるよりも、よいことをずっとたくさんしているんだということが、どうすればわかるのだろう？

転換点――インパクト加重会計

測定しないものを管理することはできない、というのは経営の基本原則だ。正確なデータ、信頼できる測定が真の変革には不可欠だ。それが透明性、信憑性、信頼を作り上げる。だからこそ、標準化されたインパクト測定がとても重要になる。利益とともに企業の正味インパクトがわかるようにさせてくれる。言い換えれば、それが社会・環境の最終決算ということだ。

インパクトの測定基準や評価の作業は今までのところ、企業が生み出した実質的な正味インパクトを測定し比較するシステムを提供するところまではいっていない。だが、役に立ちそうな進捗が見えてきた。Ｂラボは、企業がインパクトを測定し、それを外部に伝えるフレームワークとしては最適のものではないか。２００６年、ジェイ・コーエン・ギルバート、バート・フーラハン、アンドリュー・カッソイが設立したＢラボは、「企業を使って社会をよくする」ことに取り組む非営利組織だ。*[120] 彼らは、社員、顧客、コミュニティなどすべてのステークホルダーへのインパクトを測定するために、グローバル・インパクト投資格付システム（ＧＩＩＲＳ：Global Impact Investing Rating System）を作った。[*121]

他には、グローバル・インパクト投資ネットワーク（ＧＩＩＮ：Global Impact Investing Network）がある。これは２００９年に設立されたものだが、インパクト投資資金を受ける企業のために、標準化された業績測定基準を提供する。サステナビリティ会計基準審議会（ＳＡＳＢ）は２０１１年に設立され、投資家のニーズに応えることを目的としている。ＳＡＳＢの基準は持続可能性関連のインパクトを広範に測定するものだ。グローバル・レポーティング・イニシアチブ（ＧＲＩ）による持続可能性報告基準は、当初２０００年に発表された。これは持続可能性、透明性、企業開示に焦点を当てており、インパクト測定にはそれほど力を入れていない。他の測定基準としては、ワールド・ベンチマーキング・アライアンス（ＷＢＡ）や世界経済フォーラムの国際ビジネス評議会（ＩＢＣ）などがある。両者とも、国連のＳＤＧｓに対する企業の貢献度を評価しようとするものである。

とはいえ、こういった努力はまだ緒に就いたばかりで、標準化され、包括的に体系化されたインパクト測定への道のりは遠い。投資家と投資先企業がインパクトをきちんと配慮した意思決定をするには、製品や雇用、企業経営を通じて得る利益とインパクトの両方を表す会計が必要だ。できれば慣れ親しんだ通常の財務会計のフレームワークに近いものが欲しいと思うだろう。

だからこそ、ハーバード・ビジネス・スクールが生み出したインパクト加重会計イニシアチブ（IWAI）は極めて重要なのだ。2019年に発表されたが、これはインパクト投資グローバル運営委員会（GSG）とインパクト・マネジメント・プロジェクト（IMP）との研究主導の合同イニシアチブだ。ジョージ・セラフィム教授の指導のもと、企業が作り出すインパクトを組み込んだ財務会計の枠組みを構築しようとしている。この画期的な取り組みは学会、実務家、企業、そして投資家が一堂に会し、これまでに行われたインパクト測定の努力を基に構築しようとしている。

インパクト加重会計を完成させるには、企業が作り出す社会・環境インパクトに金銭的価値を与える必要がある。このインパクトの貨幣換算によって、ポートフォリオ理論は次のステージに持ち上げられる。これにより、リスク・リターンの最適化と同様に、リスク・リターン・インパクトの最適化ができるようになるだろう。

だが、インパクト加重会計は、どのように機能するのだろう？　企業の損益計算書上の売上、人件費、売上原価などさまざまな勘定科目にインパクト係数をかけて、インパクト加重後の数値を算出する。それにより、環境インパクト、直接雇用する社員とサプライチェーンにいる取引先企業の社員へのインパクト、そして消費者に与えるインパクトが反映される。同様に企業の貸借対照表上の資産にも加重をかける。

これらインパクト係数は、現状の財務会計基準審議会と類似したインパクト会計基準審議会で設定され、さらにこの審議会は財務会計の「企業会計原則（ＧＡＡＰ）」に相当する「企業会計インパクト原則（ＧＡＩＰ）」を公表するだろう。ＧＡＩＰによって、財務会計と同様の形式でインパクト加重会計の公表が可能になる。そうなれば、意思決定にあたり慣れ親しんだ形でインパクトと利益を判断することができる。

ＩＷＡＩは企業が人と環境に与えるインパクトを貨幣換算するため、企業間比較が正確に行えるようになる。この比較は、消費者、投資家、社員に、そして最終的には企業価値に影響を与えることになるだろう。それがもたらす結果はとてつもなく大きい。インパクトを求めてお金はシステムのなかで動くようになり、資金の流れが変わっていくはずだ。

企業の環境インパクトを見てみよう。ＩＷＡＩには、現在３５００社以上のサンプルがある。公表データを基にこれらの会社の環境インパクトを貨幣換算して推定すると、おもしろい側面が見えてくる。たとえば、コカ・コーラとペプシコは昔からライバルとして戦ってきている。だが、環境フットプリント（企業運営が環境に与える効果）は著しく異なる。

２０１８年のペプシコの売上（６４７億ドル）はコカ・コーラ（３１８億ドル）の2倍だが、ペプシコの推定年間環境費用は18億ドルで、コカ・コーラの37億ドルよりもはるかに低い。[*122] この環境効率における劇的な違いは、主に、両社の水資源の利用方法の違いから出ている。2018年のコカ・コーラの取水量はペプシコの3・5倍ほどだが、排水量は極めて少ない。その結果、ペプシコの5倍ほどの水を利用していることになる。2018年のコカ・コーラの売上はペプシコの半分だが、水利用の環境費用だけでも20億ドルかかっており、ペプシコのそれは約4億8000万ドルである。[*123] この例を見ても、測定すれば企業のほんとうの業績の姿が浮かび上がってくることがわかるだろう。

もう1つ、おもしろい比較がある。エクソン・モービル、ロイヤル・ダッチ・シェル、BPの操業から生じる環境費用比較だ（製品による環境費用は考慮に入れていない）。エクソン・モービルの2018年の売上は2790億ドルで、環境費用は380億ドルほどと推定される。それに比べて、シェルの同年の売上は3300億ドル、環境費用は220億ドル。BPの売上は2250億ドルで環境費用は130億ドルだった。したがって、この3社の中でエクソン・モービルはもっとも環境効率が低い。環境原単位（環境費用÷売上）はエクソン・モービル13・6%、シェル6・7%、BP5・8%である。この主な理由は、温室効果ガスの排出費用の違いで、エクソン・モービルは極めて高い。およそ400億ドルで、シェルの排出費用の1・5倍、BPの2・5倍ほどになる。エクソン・モービルはまた、硫黄酸化物排出量と取水量が3社の中でもっとも高い。[*124]

自動車メーカーの操業から生じる温室効果ガスの環境効果を見ると、フォードの環境損害は15億ドルで、売上の1％に相当する。これを同規模の自動車メーカーと比べてみよう。GM（ゼネラルモーターズ）の環境損害は20億ドルで売上の1・4％、メルセデス・ベンツで知られるダイムラーは10億ドルで売上の0・5％でしかない。

言い換えれば、2017年の売上100ドルにつき、フォードの温室効果ガス排出は1ドルの環境破壊を行っている。GMは1・4ドル、ダイムラーは0・5ドルということだ。*125

こうやって事業運営のインパクトを見るとそれぞれの会社の業績がよく見えてくる。企業レベルのインパクトを貨幣価値で測ることが一般化していないために、投資家は環境面から企業がどのような業績をあげているのかに気づいていない。インパクト加重会計によって、環境インパクトの費用をだれもが見ることができ、企業間、業界間の比較や正確な分析が可能となる。これが企業による環境損害を減少させ、環境目標を達成させる鍵となる。

企業は事業運営のみならず、製品を通じても環境インパクトを与えている。フォード車をケースとして取り上げ、公表データを使って総排出量を計算してみよう。フォード車の年間乗用車販売台数はほぼ600万台（自動車と小型軽量トラック合計）で、これらの車両が1年間にアメリカの平均的な走行距離1万3000マイル（約2万キロメートル）を走ると想定する。これに排出ガス量をかけて、1トンあたり約300ドルを二酸化炭素による社会的費用として計上する。するとフォードの年間乗用車販売によって生じる排出量の環境費用は、年間88億ドルと推定できる。[*126]

製品によるインパクトは、品質、入手可能性、リサイクル可能性など、他にも多くの観点から貨幣換算できる。品質の要素の1つは、製品の効果である。ゼネラル・ミルズのような食品会社では、製品の効果は、製品の栄養価、すなわち消費者の健康にどのくらい役立っているかで考えることができる。公表データを使って、同社の全粒粉製品販売は6億9800万ドルの価値を創造したと推定できる。そしてトランス脂肪酸含有製品によるコストは6億3900万ドル。正味インパクトは5900万ドルとなる。この数字は3つの要素から計算される。同社の全粒粉もしくはトランス脂肪酸含有製品[*127]、その販売データ[*128]、1人あたり年間摂取推奨量[*129]の3つである。

全粒粉製品の摂取は冠状動脈性心疾患（CHD）の発生リスクを17％減少させ、トランス脂肪酸はその発生リスクを23％増加させると想定しよう。アメリカのCHD有病率5・23％[*130]と、CHD罹患による医療費と生産性低下のコストを使えば、ゼネラル・ミルズが特定の栄養を含んだ製品から創出する正味価値を計算できる。同様に、塩、添加糖類、繊維など、製品に含まれるその他の栄養素が、さまざまな病気を引き起こすリスクを増加させたり減少させたりすることの価値や費用を推定することができる。

製品のインパクトを劇的に変化させて業界の大きなトレンドに反応する企業は、間違いなく、消費者や投資家から高い関心を持ってもらえる。インパクト加重会計は競合企業の間に「首位獲得競争」を作り出す。そして私たちの幸福を高め、環境への害を減らす。

実際に役立ち、かつ信頼のおける形でのインパクト測定は無理だという見方が今まで圧倒的だった。だが「おおよそ正しいほうが、正確に間違えるよりもましだ」というジョン・メイナード・ケインズの言葉通り、インパクト測定は１００％正確である必要はない。リスク思考もまた１００％正確であることを求めてはいなかった。信頼に足る正確さがあればよしとしていた。ジョージ・セラフィム教授の言葉を借りれば、インパクト測定は「確立されるべきだし、それは可能だ。しかもすでに生じ始めている」。前述の例はそれを明らかにしている。

企業が作り出すある特定のインパクトだけを測定するのでは不十分なこともわかるだろう。投資家たちが合理的な選択を行うためには、企業が作り出す主なインパクトをすべて測定し、それに貨幣価値をつけ、その価値を財務会計に反映する必要がある。いったんやり始めると、時とともにインパクト会計システムを整備しなければならない範囲は広がっていくだろう。会計制度がまさにそうだった。ＧＡＩＰの枠組みを決めて実行するには時間がかかるだろう。だが、現状の財務会計を整備するのには1世紀近くを要したことを忘れてはならない。千里の道も一歩から始まるのだ。

インパクト加重会計の基本的な会計処理をどうデザインするかに、個人的な価値判断が介入すると指摘する人もいる。それは確かだ。だが、これもまた財務会計で経験したことだ。最近米国会計基準がリース会計基準を変更する決定をした。これを例に見てみよう。この決定は価値判断に基づいて行われ、企業の貸借対照表にとてつもなく大きな影響を与えるものだった。判断を下すことを恐れてはならない。

投資家がインパクト加重会計を見ることができれば、企業の財務とインパクトの両方の業績を比べるようになるだろう。財務アナリストは企業のインパクト、成長と利益の相関関係を探すようになるだろう。そしてリスク・リターン・インパクトのバランスをもっとも上手に最適化する企業に資金が流れるようになるだろう。それは、企業行動全般に大きな変化をもたらすはずだ。

不完全なＥＳＧ開示であっても、企業価値に影響を与えている。最近、フィナンシャル・タイムズのインタビューに応えて、バンク・オブ・アメリカの米国株およびクオンツ戦略部門責任者サビータ・スブラマニアンは、企業の将来の収益リスクを占う最高のシグナルはＥＳＧデータで、「収益の質、借入金、採算性など従来の財務指標は、将来の収益性のリスクや収益の変動率を見るシグナルとしてＥＳＧデータの足元にも及ばない」と言っている。この記事は続けて、投資運用担当者は「株式市場で同じセクターにあり、似通った基本的特徴を持つ企業が、ＥＳＧ開示の質によってまったく異なる評価を受ける」ことを認め出したという。[*131]

ＩＷＡＩあるいは類似のイニシアチブがインパクトを貨幣価値化する信頼できる枠組みを作り出せば、状況はさらにまた変化するだろう。企業のインパクトは資本・人材・消費者へのアピール度に大きな影響を与えるようになる。魅力的な財務業績とインパクトを出せない企業は、新たな競争相手に追い抜かれてしまう。かつて世界最大のレンタルビデオチェーンだったブロックバスター、写真フィルムの世界的大手コダックのようになって消滅するリスクがある。世界の変化に対応するスピードが遅すぎるからだ。このように、この新しい会計基準は巨大な社会的・環境的課題に新しい、影響力の強い解決策を生み出してくれるだろう。

企業がインパクト加重利益最大化を目指してインパクトを生み出すようにインセンティブを与えられれば、インパクト加重会計は経済的不平等を減少させ、環境保全の役に立つ。企業は価格以上の価値を持つ製品を開発し、十分なサービスを得られない地域に貢献し、有害な環境インパクトを減らし、よい環境インパクトを作り出そうとするようになる。雇用条件を改善し、社員を再教育し、適正な賃金を支払い、通常であれば採用の門戸が閉ざされている人を雇用し、ジェンダーや民族の多様性を守ろうと努力するようになる。要するに、インパクト加重会計で、企業行動の新たな規範が作られるのだ。

環境に負担をかけないように企業が行動を改めるところを想像してほしい。排出物を減らし、水使用量を制限し、より健全な食品を販売し、効力の高い手ごろな価格の医薬品を開発する。可能性は無限だ。

それは夢物語ではない。実際過去に起きたことだ。企業がてんでばらばらに会計事務所を選び、会計方針を決め、監査役を置かない状態だったら、投資家はどうやって投資すべき企業を選べるのか。1929年の大恐慌直後、このことが問われた。当時、財界リーダーの中には、アメリカ証券取引委員会、米国会計基準、監査役の導入は、アメリカの資本主義体制の終わりを意味すると論じる人もいた。今から振り返ってみれば、企業の収益性を測る信頼できる情報なしに昔の人はどうやって長いこと投資ができたのだろうと疑問に思われる。同じことがインパクト加重会計でもいつか起こることだろう。

インパクト加重会計の方向に進むと確信したなら、企業は計算に必要なデータを集め、インパクトを管理するようになる。現状のシステムからプラスのインパクトを生むシステムに移行するには何らかのコストがかかる。だが、私はよく言うのだが、原則はコストがかかるかもしれないが、必ず最後にはお買い得になる。インパクトに真摯に取り組まない企業は、消費者や投資家、有能な社員を失うリスクを負うことになる。ウォーレン・バフェットの言葉を引用しよう。「誰が裸で泳いでいたか、潮が引いたときにわかる」[*132]。潮が引いてインパクト加重会計が一般的に利用されるようになると、誰もが利益だけで意思決定をしていたことにびっくりすることだろう。

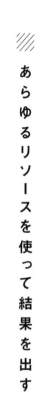

第5章 インパクト哲学の夜明け

あらゆるリソースを使って結果を出す

これまで見てきたように、企業がプラスのインパクトを生み出すためには、インパクト測定が鍵となる。だが同時にそれは、慈善活動の可能性をフルに引き出すためにも鍵となる。なぜか。

過去25年間にアメリカ企業2万5000社ほどが売上5000万ドルを達成しているが、非営利組織ではその数はわずか144でしかない。[*1] アメリカで登録されている150万の非営利組織のうち、年間収益1000万ドル超はわずか5%である。多くの慈善活動団体がよい仕事をしているのに、なぜ小規模にとどまっているのだろう？　50ドルの慈善と5億ドルではコミュニティに与えるインパクトがどうかを考えてほしい。なぜ大規模になる非営利組織は少ないのか。主な理由は、慈善事業モデルにある。だが、インパクト思考がそれを変え始めたところだ。

インパクトがもたらす変化を理解するために、なぜ慈善財団による寄付が無意識のうちに非営利組織を小規模にとどめるのかを見ておこう。インパクト測定が標準化されていないために、従来寄付のやり方は決まっていた。ごく最近まで、慈善事業は、贈与や助成金が大半だった。大半の財団は恵まれない人々に助けの手を差し伸べるには、慈善を通じて行うのが適切だと考えてきた。つまり、成果を厳しく見ることなく非営利組織の活動に助成金を与えてきたということだ。

20世紀に富裕な個人や家族によって設立された慈善財団は大きな成長を見せ、組織化されてきた。その過程で、いくつかあまり役に立たない習慣を身に着けてしまった。たとえば、多くの財団は幅広い支援先に少額の助成金を比較的短期間だけ出す傾向にある。彼らは、社会サービスを行う組織に2～3年間助成金を与える。そして次に移って、別の組織を助けようとする。助成金によって達成された成果について、定性的な報告書だけに頼ってきたため、結局のところ渡したお金でどのようなよい成果があげられたのかがわからない。そのため確信をもって1つの組織に長期間資金を出すことが難しい。厳格なインパクト測定がないため、なるべく多くのお金が必要な人のところに回るように、慈善財団は支援先の非営利組織に対して助成金を一般経費に回さないよう要求することになる。

その結果、慈善財団が資金を出すほとんどすべての非営利組織は、小規模なままで、お金がなくて苦労することになる。アントニー・バッグレビン率いるノンプロフィット・ファイナンス・ファンド（ＮＦＦ）が行った非営利組織部門調査に回答したアメリカの5400以上の非営利組織のうち、4分の3以上は、彼らの提供するサービスに対する需要が増えたとしたが、半数以上はその需要に応えることができなかったとした。その前2年間でも同じ結果を得ている。[*2] 企業なら、需要が増えれば、もっと多くの製品を売り、もっと利益をあげ、投資をして成長を継続しようとする。だが、非営利組織は需要（経済的に苦しい人たち）が増えても、その苦しむ人たちを追い払わなければならないのだ。また、これらの組織は成長に必要なお金を手に入れる術がない。彼らに助成金を与えた慈善財団は、もう次の非営利組織に移って助成金を与えているからだ。

なんとか生き延びようともがいているときには、リスクをとることはできない。大半の非営利組織は社会問題解決の新たな方法を試すことができない。実験には、失敗がつきものだが、そうすると寄付を出す側は恐れて逃げてしまう。その結果、大半の非営利組織はその日暮らしを迫られ、長期的に成長や実績を考えることができなくなっている。経費削減のプレッシャーのせいでトップクラスの人材を引き付ける給料も払えない。例外は自己犠牲を厭わない優秀な人が薄給で働く場合だけだ。

これらの問題すべての根本は、インパクトが測定できていないことにある。[*3] 慈善団体で働く人々、あるいはパーパス志向型組織は、小規模で資金のない組織には測定なんて面倒で、お金のかかることだと考えている。インパクトを測定すれば、現状維持が難しくなると信じている向きもある。慈善家が非営利組織の業績を評価し、業績のよいところだけに投資をするという考え方に不安を感じる人も多い。だが彼らに見えていないのは、現状の慈善事業モデルが非効率極まりないことだ。そして、インパクトを生み出すことよりも助成金をもらうことに必死になってしまうのだ。

非営利組織が直面する大きな社会問題に対応するには、多額の資金が必要になる。だがインパクト測定なしには、慈善家はそれを確約できない。信頼に足るインパクト測定があれば、慈善家はより効果的に助成金を配分でき、民間部門から投資を引きだすことができ、社会サービス提供組織に革新と規模拡大を促すことができる。インパクト投資家は測定可能な財務リターンとインパクトの両方を望む。彼らは、投資先の組織がリスクをとり、新たに野心的なレベルの業績と成長を達成してほしいと望む。今日、いくつか画期的な進展があったおかげで、財団、投資家、国家、非営利組織が協力して、慈善の分野でもビジネスの最高のツールを使い、社会・環境に大きなインパクトを与えるようになってきた。

きっかけを作ったソーシャル・インパクト・ボンド

インパクト慈善事業にはさまざまな形があるが、従来の助成金に取って代わる方法となりうる。きっかけとなったもののうちもっとも顕著なのが、ソーシャル・インパクト・ボンド（ＳＩＢ）である。２０１０年に第1号のＳＩＢが導入されると、それまでの慈善の世界での常識が根本から覆された。ＳＩＢは、プロジェクトの資金と社会に与えるインパクトとを結びつけられると示した。それにより、民間の資本を引き付け、慈善団体が大きなスケールで努力できるようになった。また、政府や慈善家が、前もってお金をリスクにさらすのではなく、成果が出た後に支払うことが可能になった。

第1章でＳＩＢについて述べたが、ＳＩＢは、投資家、成果購入者、社会サービス提供組織という3つの主要グループを1つにまとめる。このうち慈善家は、投資家あるいは成果購入者の役割が果たせる。投資家として資金をはじめに出すのであれば、目標達成時には資金を回収し、運用益を得る。最悪の場合、社会的によい効果を出せず、慈善家は投資したお金を失う（実質的には、この投資損失を寄付と見なすことができる）。慈善家が成果購入者の役割を果たすのであれば、成功裡に終わったときにだけ支払うことになり、サービス提供の成否にかかわるリスクを自分たちから投資家に移すことができる。

ＳＩＢは2つの理由から、従来の助成金を効果的に補完すると言える。慈善家が投資家の役割を担うのであれば、彼らはお金を回収するから、将来さらに多額の寄付ができる。成果購入者の役割を果たすのなら、彼らの慈善資金を達成済みの成果に使うことができる。このやり方だと、社会サービス提供組織は求められる成果を達成することに集中するようになる。

次の章で見ていくが、現在のＳＩＢモデルでは政府が成果購入者である場合が多い。ＳＩＢプログラムによって政府は経費削減や追加の収入を得るメリットを享受できるのだから、理に適っている。だが、慈善家も成果購入者として大きな役割を果たしているし、彼らの参加を呼び水として政府を成果購入者に引き込むこともできている。

ＳＩＢが本物のインパクトを与えてくれるだろうと、慈善家はますます期待を膨らませているが、それにはいくつかの理由がある。もっとも重要なのは、社会サービス提供組織が多くの改善をするようになる点だ。第1章で取り上げたピーターバラＳＩＢの経緯を再度見てみよう。

当座の問題は、刑務所から釈放された服役者の再犯率だった。ピーターバラＳＩＢは

「ワン・サービス」と呼ぶ6つの非営利組織の集合体に500万ポンド（670万ドル）を提供した。それまで、各組織が社会復帰させようと尽力してきたが、どの組織も再犯率減少には責任を負っていなかった。

初めて他の組織と一緒に働くようになり彼らは根本的原因を理解し、取り組むようになった。刑務所から釈放された人たちがどうなるかが一層明確になった。40％は寝泊まりできる場所がなかった。25％は依存症を抱えていた。39％は失業手当の最初の支給日、あるいは新しい仕事の最初の給料日までの当座のお金がなかった。[4] 多くの服役者が刑務所から出るときに所持していたのは、釈放時に国から支払われる法定助成金46ポンド（61ドル）だけだった。[5] 麻薬ディーラーが刑務所の門の外で待ち構え、彼らに宿泊場所と刑務所暮らしを忘れさせるものを与え、犯罪生活にそのまま引き戻したのは無理からぬことだった。

合同で働くようになり、これらの社会サービス提供組織は、個別ではなく共同でインパクトを出すことに集中し、釈放された服役者たちの社会復帰に向けて多岐にわたるアプローチから努力するようになった。その結果は、目覚ましいものだった。ピーターバラSIBの2年目には、プロジェクトの効果で再犯率が11％減少した。イギリス全体では10％の増加がみられた時期である。[6]

SIBが軌道にのる

圧倒的成功を収めたピーターバラSIBは、慈善活動の将来の方向性を議論するきっかけとなった。SIBとデベロップメント・インパクト・ボンド（DIB）の市場には4億ドル以上の初期投資が流入した。[*7] そして子供、若年層、雇用、社会福祉、刑事司法、教育、ヘルスケアなどの社会問題に対して、10億ドル以上の成果購入の約束が取り付けられた。SIBは、社会サービスがもっとうまく実行され、拡大できることを証明している。また、予防は治療よりもはるかに安上がりで効果的であると昔から言われているが、それがその通りであることを証明している。SIBによる予防的介入は、再犯率、ホームレスの問題から十代の失業率、糖尿病まで、多くの社会問題にうまく対処できることが証明されてきている。

SIBとDIBは世界中に広まりつつある。イギリスはいまもSIB革新の中心であり、世界全体の4割にあたる67のSIBがある。[*8] アメリカも活動の中心であり、現状25のSIBがある。以下SIBが多い順に、オランダ（SIBは11）、オーストラリア（10）、フランス（6）、カナダ（5）、日本、イスラエル、インド、ドイツ、ベルギー（各国3）、フィンランド、ニュージーランド、韓国（各国2）、オーストリア、ロシア、コロンビア、ペルー、スウェーデン、スイス、アルゼンチン（各国1）となっている。[*9]

SIB市場が広がるにつれ、慈善家、政府、投資家はその可能性を認めるようになり、SIBファンドの登場で何ができるのかを伝えるようになってきた。イギリスでは、ブリッジズ・ファンド・マネジメントが2013年と2019年に世界で初めて2つのSIBファンドを作った。2つ合わせて6000万ポンド（7980万ドル）となるこのファンドには、[*10]機関投資家と慈善財団も出資したが、40のSIBに分散投資され、児童サービス、教育、ホームレスなどの分野でよりよい結果を出そうと努力する90以上の社会サービス提供組織を支援する。[*11]これまでに2500万ポンド（3325万ドル）が投資され、政府は成果購入者として1億5000万ポンドを支払うことになっている。[*12]投資家への運用益はネットで年率5％と予想されている。すなわち、インパクト・ボンドは政府に恩恵を与え、投資家に運用益を、そして社会によりよい結果を作り出している。

今やSIBの成長を率いているのは地方自治体だ。とくにイギリスで顕著に見られる。官僚がSIBを「ソーシャル・アウトカム契約（成果連動型民間委託契約）」として見ているためだろう。サービスに対してお金を支払う通常の契約と異なり、ソーシャル・アウトカム契約では、成果が達成された終了時に支払いが生じる。地方自治体は、社会サービスを提供するには、こちらのほうが優れていると認識している。SIBは成果達成に対する規律を導き、成果がいちばん出やすい方法をデータで示し、プログラムの効果に透明性をもたらす。それらはすべて政府、慈善家、社会サービス提供組織にとって高い価値を持つ。
成功例はたっぷりある。たとえばイギリスで2014年に国民医療制度（NHS）が委任した「ウェイズ・トゥ・ウェルネス」SIBがその一例だ。目的は、糖尿病、心臓疾患など複数の長期的健康問題を抱える成人に、「社会的処方サービス」を通じて生活スタイルを変えさせ、健康を改善する手助けをすることだった。医師はこのような患者の症状改善に長く苦闘してきたが、必要な解決策は医療というよりも社会的なものだった。この新しいサービスは、運動をさせるようにし、孤独感を減らし、食生活を改善させる手助けをした。そうすることで病院での治療を減らし、政府の支出削減に役立った。このプロジェクトはすべての目標をクリアし、成人5000人以上の健康を改善し、ヘルスケア費用を35%減少させた。[*13]
イギリスにおける若年層のホームレスに取り組んだ「フュージョン・ハウジング」SIBは、もう1つの成功例だ。この2015年開始の3年プログラムは、100万ポンド（133万ドル）をやや下回る金額を調達し、フュージョンなどの社会サービス提供組織が成果に基づくプログラムを実践して、ホームレスの数を減少させ、ホームレスになることを回避させた。[*14]

フュージョン・ハウジングの住居サービス責任者ターシャ・ダイソンは当初、成果連動に躊躇したものの、すぐにその価値を認めるようになった。「正直なところ、問題を抱えた若い人たち相手のサービスで成果に基づく契約をするなんて、大失敗間違いなしのように思えたんです。でも、その言葉を引っ込めます。実際、問題を抱えた若者たちを支援するのに最高の方法です。サービス提供に柔軟性を持てるからです」

成果連動型契約の取り組みでは測定にフォーカスする必要があるが、それは現場のサービス提供者にとって初体験だった。フュージョン・ハウジングのディレクター、ヘレン・ミネットは、こう言う。「不満たらたらで統計分析の世界に引きずり込まれたというのが本音です。でも、今はこのよさをしっかり理解しています。私たちがしていることを証明するだけでなく、今後どう取り組んで改善するかにとても大きな効果があります」[*15]

フュージョンの成功で、カークリーズ地方議会の地方議員たちはこの新しい仕組みが地元の人の役に立つことに納得した。その結果、既存の契約を見直し、成果に基づくアプローチを使って問題を抱える成人により効果的な住居サービスを提供することにした。

SIBにますます信頼が寄せられてきていることを示すもう1つの事例は、ホームレスに陥りそうな人々を助ける試験的なプログラムだ。当初中央政府が250万ポンド（330万ドル）の資金で着手し、カークリーズ地方議会が2300万ポンド（3060万ドル）の契約に規模を拡大した。[16]

アメリカでは、インパクト投資運用会社メイコム・キャピタルがゴールドマン・サックス出身のアンディ・フィリップスと共同でブリッジズのSIBファンドに類似したファンドを初めて立ち上げた。このファンドは2018年に合計5000万ドルの資金調達を目標に打ち上げられ、プルデンシャル・フィナンシャル、クレスギ財団、マイクロソフトのスティーブ・バルマー元CEOなども後援者に名を連ねている。[17] メイコムの投資先に、「マサチューセッツ州経済発展への道」SIBがある。これはソーシャル・ファイナンスUSによって2017年に立ち上げられ、移民を社会に融合させることを目的としたものだ。

大ボストン圏には、移民や難民が多数住んでいるが、彼らは英語を少ししか話せない、あるいはまったく話せない。そのために職を得ることが難しくなっている。とくに高い賃金を得るのは難しい。英語が堪能で同様のスキルを持つ移民と比べて、年収が平均2万4000ドル低い。多くは、州から補助を受けており、50%は現金給付を受けている。[18]

この状況の一因は、言語教育サービスがないことによる。少なくとも1万6000人の成人が英語教育を受けようと順番を待っている。さらに、この教育プログラムには就職支援や高い給料を得る転職支援がついていない。[19] もっと効果的に大規模に行う必要があることは明らかだった。そして成果連動型モデルがこれを実現させた。「経済発展」ＳＩＢに、40の投資家が１２４３万ドルを出資し、社会サービス提供組織であるユダヤ職業教育サービス（ＪＶＳ）が４つのプログラムを作って２０００人に英語のレッスンと就職支援サービスを提供できるようにした。[*20] このプロジェクトの目標は、雇用を増やし、より高い賃金の職を確保し、さらに高度な教育を得られるようにすることだ。プロジェクトの成果は四半期ごとに測定され、投資家が受け取るリターンを決める。今まで、8回連続で支払いが行われている。[*21]

ＪＶＳのＣＥＯジェリー・ルービンは、この試みが社会サービス提供組織にどういう意味を持つかを説明する。「文字通り成果連動になると、プログラムの品質が向上します。賃金上昇は測定できますから、それを成果にするのであれば、よい職を得て賃金が上がるようにプログラムを設計するようになります。従来、成人教育と人材開発とは別々になっていますが、このモデルでは2つを1つに融合しました。融合しようとしたのは、それがみんなの望むことであり、必要としていることだからです。このモデルは、顧客とマサチューセッツ州の両方にとってほんとうに意義ある成果を生み出しています。州の対応は革新的だと思います[*22]」

ＪＶＳが成果連動型プログラム・モデルに関与したのは、彼らのサービスで恩恵を受ける人の数を積極的に増やしたいと望んだからだ。だが、ジェリー・ルービンが言うように、「私たちは財務的な基盤を持っていません」。もう1つの理由は、このモデルなら、よりよい成果を出せるようにデザインしたサービスを提供できるからだった。この例では、英語の指導、就職支援、キャリア・コーチングを組み合わせて提供することで、経済的にもっとよいチャンスを得られるようにしている。[*23]

すなわち、投資家の規律と成果連動の仕組みを組み合わせれば、拡大、革新、インパクトが得られるということだ。こういった社会サービス提供組織にとって助成金を得ることがいかに困難かを考えれば、成果連動方式は、多額の資金を集めて組織を大きくしたいと思う人には、はるかに有効な資金調達の選択肢となる。

2020年1月時点で、アメリカでは26のSIBのプロジェクトが活動中であり、開発中のものも多くある。[*24] 調達された金額はイギリスよりも多くなっている。金融の世界では大きな規模をいち早く達成するのは、いつもアメリカだ。

だが、新しいことには苦痛と問題がつきものだ。今までのところ、多くのSIBは、ごく小規模である。受益者数の中央値は600人ほどであり、当初の投資金額の中央値はわずか200万ポンド（270万ドル）ほどでしかない。[*25] 世界最大のSIBは、サウスカロライナで10代の母親を支援するものだが、それでもわずか3000万ドルでしかない。

ＳＩＢは助成金よりも企画・実践が複雑だ。成果購入者、サービス提供組織、投資家の3種類のステークホルダーが関与するためだ。そのために調達資金に比して取引コストが高くつく。しかし実践の容易さとスピードは、日々改善している。経験を重ねていくうちに、条件や成果の測定基準は標準化されていくだろう。そして専門のアウトカムズ・ファンドもＳＩＢ／ＤＩＢ投資ファンドも市場に参入するようになり、インパクト・ボンドの規模は拡大するだろう。ＳＩＢとＤＩＢは、最終的には成果あたりのコストと、達成した成功数で判断されるべきである。両方とも、従来の助成金による場合よりもはるかによくなると期待される。

「インパクト慈善活動」と私たちが呼ぶものの出現で、優れたサービス提供組織は、活動のデータだけではなく、成果のデータも保管するようになっている。これは極めて重要だ。というのも、成果を追跡することでＳＩＢやＤＩＢのような成果連動型の投資モデルが利用可能となるからだ。もしサービス提供組織が正確に彼らの介在した成果を追跡できれば、投資資金を引き付けるのがより容易になる。究極の目標は、社会サービス提供組織に革新と成長のために必要な資金とツールを与えることで、もっと多くの人を助け、もっと大きな問題を解決することだ。

デベロップメント・インパクト・ボンド（DIB）
――慈善事業・援助の新しいモデル

もともとのSIBモデルでは、民間投資家が資金を出し、政府が成果購入者として支払いをする。しかし、多くの開発途上国政府には、成果に対して支払う資金がない。そこでデベロップメント・インパクト・ボンド（DIB）では、財団と支援組織が介入して、新興国の政府とともに成果購入者として支払いを行う。

新興国には喫緊の課題が山ほどあるが、大きな問題が1つある。お金だ。2030年までにSDGsの目標を達成するには30兆ドルほどが必要となる。[*26] 従来の慈善寄付と政府支出に頼るモデルでは到底足りない。

DIBは深刻な問題の対処に革新的な手法を提供する。教育、健康、環境などの分野での問題は、生活を損ね、経済成長を抑える。DIBの魅力的なリターンは、SDGsの資金不足分を穴埋めする一助になる。新興国政府が成果購入者としての支払い能力がないとき、DIBは慈善団体を引き込んで成果購入に対する援助を行ったり、社会サービス提供組織に初期投資をしたりする。寄付をする慈善家たちはたいてい新興国の問題にお金を出すのは不毛なことだと思っているが、成果を購入するというアイデアには魅力を感じる。

ベンチャー・キャピタルと起業家の関係と同様の力学で、支払った金額に対価を得られるからだ。

2015年、DIB第1号が出された。それはインドの女子児童が教育を受けやすくすることを目的とする「女子児童に教育を」DIBだ。インドの子供がきちんとした教育を受けるには大きな障害がある。小学5年生の47％は短い文章が読めない。30％の子供は、単純な引き算ができない。家族や文化のせいで女子の場合はさらに厳しい。42％は両親から学校を辞めるように言われる。インド国内の学校で女子トイレを備えるのは55％しかない。[*27] ラジャスタン州では女子生徒の40％が5年生になる前に学校を辞めている。[*28]

数年前に学校を辞めたナラヤニという少女は、サフィーナ・フセイン率いるDIBのサービス提供組織「女子児童に教育を」が長時間にわたって家族を説得してくれたことによって、4年生に戻ることができた。何年も行っていなかった学校に戻った当初は圧倒されるばかりだった。だが、「女子児童に教育を」は彼女の家族や教師にも働きかけ、彼女がプログラムをやりおおせるように手助けをした。間に入って補習教育を行い、ナラヤニのような女子が学年相当のレベルに達するように助けて学校に残れるようにする。

DIBに携わっている間、「女子児童に教育を」は子供の学習スタイルに関するデータを十分集めて、補習カリキュラムを改良した。集中的に2年間の教育プログラムを受けたおかげで、ナラヤニはヒンディー語で物語を読み、数学の問題を解けるようになり、今は英語のアルファベットを学んでいる。

世界初となるＤＩＢは、南米コロンビアで設立されたインパクト・ファイナンス助言会社のインスティグリオによってまとめられ、成功を収めた。目標の79％を大きく上回る92％の児童が入学を果たした。[*29] そして最終学習目標の１６０％を達成した。[*30] この成功は投資家にとっての成功でもあった。ＵＢＳオプティマス・ファンドは当初の出資金27万ドルを成果購入者であるザ・チルドレンズ・インベストメント・ファンド財団（ＣＩＦＦ）から回収し、さらに年率15％に相当する14万４０８５ドルの収益を得た。この資金は他のプログラムに再投資されることになっていた。[*31]

この小規模なＤＩＢが成功した結果、「女子児童に教育を」はプログラムを本格展開する資金として９０００万ドル以上の慈善助成金を調達することができた。当初の調達資金に比べ大きな増加である。そして、社会サービス提供組織の規模拡大にＤＩＢが明らかに役立つことが証明された。

今日10を超えるＤＩＢが活動中である。[*32] ２５００万ドル集めた初の人道的プログラム、赤十字国際委員会人道的インパクト投資プログラム（ＰＨＩＩ）もその１つである。[*33] そして、さらに多くの案件が開発中である。ＰＨＩＩの場合、機関投資家と民間投資家は、病人や武力衝突や事故の負傷者を支援するセンターをマリ、ナイジェリア、コンゴ民主共和国に設立する資金を出した。成果購入は国際的グループ（スイス、ベルギー、イギリス、イタリアの開発援助機関と大手スペイン銀行の財団であるラ・カイシャ財団）が行い、5年後に投資家に元金を返済する。成果に応じて最高で年利7％のリターンになるが、最悪の場合、投資家は元本の40％を失う。

赤十字国際委員会総裁ペーター・マウラーが先頭に立ち、各国政府からの拠出金に80％依存している現状をSIBとDIBの利用で改善する方法を模索している。「もう何年もの間、赤十字国際委員会はまだ拠出金提供に踏み切っていない政府、民間の資金に働きかけ、そして革新的な調達方法を模索しています」とボンドを担当するトビアス・エプレヒトは言う。「これは私たちにとって重要な学びを得る経験です。もしうまく機能すれば、さらに規模の大きいプロジェクトへの足掛かりとなるでしょう」[*34]。すなわち、DIBは赤十字国際委員会のような慈善サービス提供組織に重要な新たな収入の流れを作り出す可能性があるということだ。

これらの新たなモデルが極めて高い可能性を持つことは疑いの余地がない。しかし、「女子児童に教育を」の例でわかるように、SIBもDIBも最初は小規模で始められた。「女子児童に教育を」プロジェクトはインドの1つの州にいる数百人の女子児童が対象だった。その結果は、参加した子供たちの人生を変えるほどの力を持っていたが、同様の援助を必要とする児童は何百万人といる。

エデュケーション・コミッションの2017年の報告書は、世界は緊急性の高い教育の危機に瀕していると警告を出している。2億5000万人の児童が学校に行っていない。加えて3億3000万人が実際には勉強をしていない。このようなことが続けば、2030年には世界の半分の若者が学校教育を受けられない、あるいは勉強についていけなくなっているだろう。そして低所得国では中学校レベルの基本スキルを得るのは10人のうちわずか1人ということになる。[*35] これはとてつもなく大きな問題で、一度に数百人の子供を相手にしていては解決できない。これほどの規模の問題を解決するには、大規模な成果連動のモデルが必要となる。

アウトカムズ・ファンドの規模を大きくするときだ

そこで、アウトカムズ・ファンドの登場となる。これは専門の組織が社会サービス提供組織と成果に基づく契約を結ぶもので、その目標は、成果に基づく契約の規模を確保し、契約に要する時間と費用を劇的に減らすことだ。

まず社会サービス提供組織とアウトカムズ・ファンドが契約に調印し、その後社会サー

社会サービス提供組織に資金を供給するアウトカムズ・ファンドの役割

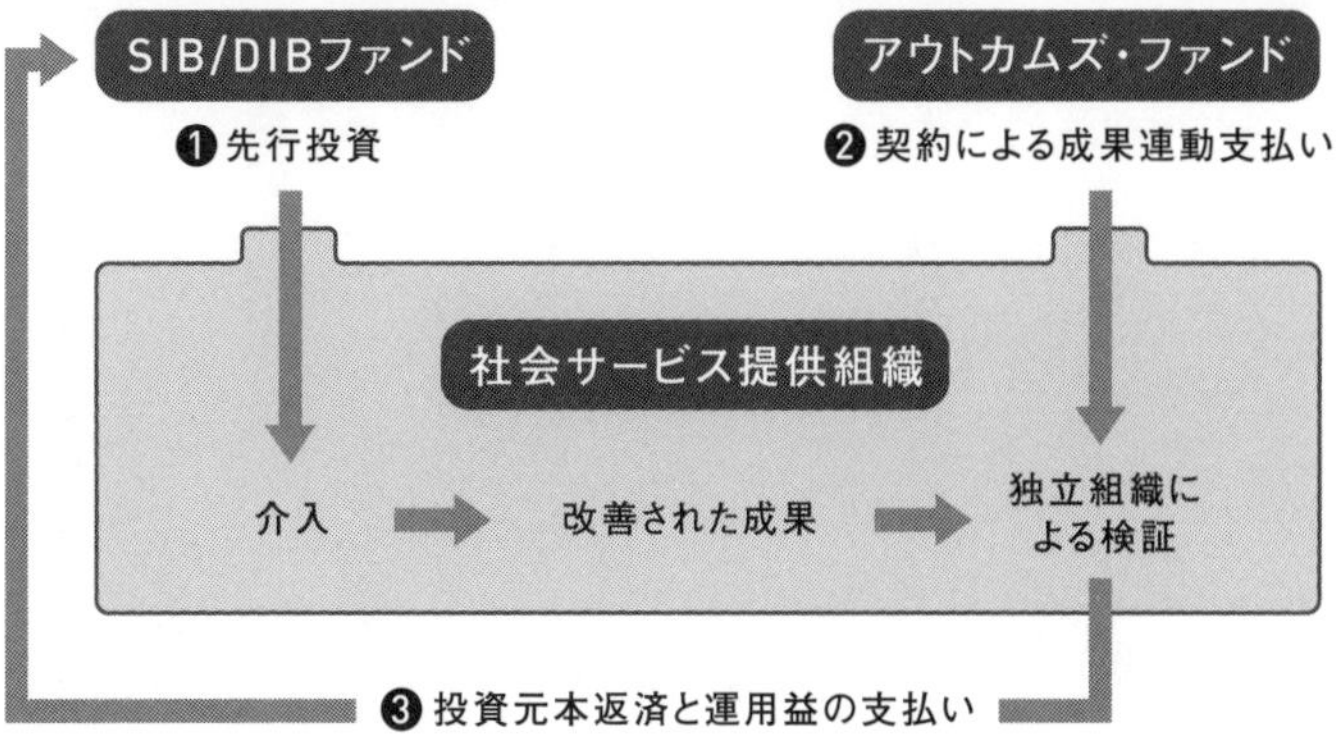

ビス提供組織が契約実践に必要な資金を調達する。この資金はＤＩＢファンドを通じて投資家が提供してもいい。通常の投資家、開発援助機関の投資部門、慈善財団など、いずれでもかまわない。ＤＩＢファンドとアウトカムズ・ファンドは、社会サービス提供組織にエネルギーを与える乾電池のプラスとマイナスの電極と見ることができる。ＤＩＢファンドは初めに資金を支払い、アウトカムズ・ファンドは成果が達成されたときに支払う。この革新的なアプローチは上記の表のようになる。

この一連の動きを設定するのに、新興国の教育改善の事例では次のようなステップがとられた。

1 出資者がアウトカムズ・ファンドへ10億ドルの出資を約束する。アウトカムズ・ファンドは社会サービス提供組織と契約する。

2 これをきっかけとして、投資家が最大7億ドルを、DIBファンドを介してサービス提供組織に投資する。

3 NGOやパーパス志向型企業が、学習成果をさらに上げるために、教育に介入する。

4 生徒は自分の教育成果が上がったことを実感し、さらに独立機関でも検証される。

5 契約した成果の達成により、アウトカムズ・ファンドは投資家に投資元本の返済と成果に応じた運用益の支払いとを開始する。

例を見てみよう。「アフリカと中近東の教育アウトカムズ・ファンド（EOF）」は、児童1000万人の教育改善のために10億ドルの調達を目標としている。それは、インパクト投資グローバル運営委員会（GSG）とエデュケーション・コミッションの合同イニシアチブで、アフリカと中近東の教育を最大限改善する革新的手法を探している国際的財団グループが支援している。著名なところでは、アリコ・ダンゴート財団、フォード財団、オミダイア・ネットワーク、ビッグ・ウィン、ELMA財団、UBSオプティマス、ヒューレット財団、イギリス国際開発省（DFID）などである。チュニジアの大臣を務めたアメル・カルブールが主導して、EOFは実効性のある教育を授ける組織への投資を促進している。その一例が、ジンバブエ、タンザニア、ガーナ、ザンビア、マラウイの最貧地域の女子児童50万人以上を教育するCAMFEDだ。また別の例が、ケニアの農村部に学校を設立しているNGO、iM1angoである。このNGOが設立する学校は、個別指導のeラーニング・プラットフォーム、タブレットPC、ブロードバンド通信を利用している。

先に触れた「女子児童に教育を」プロジェクトのように、アウトカムズ・ファンドのモデルは規模拡大に利用されている。ブリティッシュ・アジアン・トラストのアウトカムズ・ファンドは、「女子児童に教育を」プロジェクトをラジャスタン州全域と、グジャラート州およびデリー州に拡大するために1100万ドルを調達し、20万人の児童を支援する予定だ。[*36]

現在進行中で大いに有望なのは、リベリア政府によって行われているものだ。「リベリア教育推進プログラム（LEAP）」は、アウトカムズ・ファンドのアプローチを同国の社会サービス提供組織に導入する初期段階にある。LEAPの目的はリベリアの学校教育の改善と学業成績の向上だ。2015年の調査によれば、15歳から24歳の非識字率は25%で、学齢期の子供のうち52%は学校に行っていなかった。[*37] 現在、LEAPは官民合同で運営されているが、最終目標はLEAPを成果に基づくプログラムに変えることだ。成果が達成されれば、アウトカムズ・ファンドの出資者がＬＥＡＰに支払う形を目指している。[38]

アウトカムズ・ファンドは、世界の優れたＮＧＯや社会起業家がもっと多くの資金を調達し、運営規模を拡大し、もっと多くの人々を助けるようになるブレークスルーのきっかけとなると信じている。私たちが抱える問題は実に大きく、強力な新しい仕組みが必要だ。大規模なアウトカムズ・ファンドがあれば、立ち上げに必要な時間と費用を減少させ、今よりも大きなＳＩＢやＤＩＢを容易に立ち上げられるだろう。そうすれば教育、医療、雇用、環境の分野に幅広くかつ何倍も介入ができるようになる。これは体系的な変化をもたらし、もっと効果的なプログラムを可能にすることだろう。

問題が大きくなる一方の世界で、解決の規模を大きくすることは不可欠である。サリー・オズバーグとロジャー・マーティンは真に社会的・環境的問題に対処しようとすれば、体系的変化を起こす必要があると強調する。[39]

アウトカムズ・ファンドに数十億ドル規模で資金が流入すれば、大規模なＳＩＢやＤＩＢファンドを引き付けるようになる。そしてＳＩＢやＤＩＢファンドがサービス提供組織に投資をするようになれば、インパクト起業家は自らの革新的アプローチを大規模に実践する資金を調達できるようになる。ベンチャー・キャピタルとＩＴ起業家がＩＴ革命を通じて体系的変化をもたらしたのと同様の体系的変化を引き起こすことだろう。

基本財産をインパクト投資に解き放つ

もちろん、助成金の交付は慈善財団の従来モデルの1つでしかない。財団には投資で運用している莫大な基本財産がある。一般的に財団は資金の95％を市場で運用し、残り5％を毎年助成金として出す。財団を存続させ寄付を続けるために、基本財産の投資収益よりも少額の助成金を出している。ヘロン財団のクララ・ミラーはこの従来の財団モデルを「少額の寄付プログラム付ヘッジファンド」とうまく表現した。

このモデルは慈善家にどういう意味を持つか？　あなたは慈善財団の理事だと想像してほしい。あなたは財団の投資アドバイザーと基本財産の運用益を最大化するためのミーティングを持つ。今年なら大規模な汚染を出している会社や化石燃料の会社に投資することになるかもしれない。あなたは、寄付を出している非営利組織とも会う。素晴らしい組織でよく働く人たちだ。先住民の居住地を守り、野生動物を守り、気候変動に対して戦っている。

この皮肉なところはよくわかってもらえるだろう。あなたはあなたが助成金を出して解決しようとする問題をまさに作り出す会社に投資をすることになる。だが、基本財産の運用益を最大化しなければとあなたは思う。基本財産と助成金を通じて環境インパクトを正味でプラスにできればよいと思うが、どのようにそれを計算すればよいのかわからない。同時に、あなたが助成金を出した人たちの活動報告は、何人新たに広報担当者を育てたか、何回抗議運動を組織したかを報告する。環境保護活動をしている地区で何トンの二酸化炭素が回収されたかといったインパクトではない。双方ともインパクトを測定する術を持たないから、投資で発生する害よりも、助成金で救っている環境のほうが大きいことを願うだけだ。

この矛盾は想像の産物ではない。過去1世紀の間、慈善家はこのように運営してきた。そして問題は環境に限られたものではない。財団は貧困を緩和しようとしながら、ごくわずかの賃金しか支払わない企業に投資をしてきた。難民の権利を守ろうとしつつ軍需産業に投資をしてきた。

慈善団体が板挟みになってしまうのには理由がある。第一に、規則によって、基本財産の投資ポートフォリオはミッション達成の資金には使えず、財団の理事や執行役員が基本財産から運用益をあげることが期待されている。財団の従来のモデルでは、基本財産をミッションから切り離し、なるべく多く運用益を稼ぎ、なるべく多くのお金を寄付できるようにしている。企業行動の社会・環境インパクトを測定する一般的手法がないため、ある会社には投資を避け、別の会社には投資することがうまく説明できない。

この矛盾はフォード財団の先見性に富むCEOダレン・ウォーカーによって認識されていた。「不正と戦うことに全力を傾ける世界的財団として、私の同僚も私も、不平等を生み出すまさに同じシステムが、同時に私たちの基本財産を作り出していることを忘れたことはない。この基本財産を賢く投資することで、私たちは不平等に対して戦い続けているのだ」[*40]。インパクト投資はこの昔から続く皮肉な状況を吹き飛ばし、基本財産の力を解き放ち、財団がプラスのインパクトを最大化できるようにする。インパクト投資を通じて、財団の基本財産はミッション達成に貢献する。その逆ではない。

インパクト投資は慈善活動の目的と手法にまったく異なる考え方をする。といっても民間セクターの投資家が慈善事業を敵対的買収で乗っ取るわけではまったくない[*41]。ダレン・ウォーカーをはじめ、財団や非営利組織にいる多くの人たちが何年も前からもっとよい方法はないかと探してきた。インパクト投資は、革新的な財団が持てる資金ではるかに大きなインパクトを与えつつ、市場レベルの運用益達成を可能にする。

基本財産をインパクト投資に移すのを躊躇する財団もある。理事には基本財産の運用益を最大化する義務があると考えているためだ。だが、インパクト思考が広がり、こういった制約も見直されるようになってきた。たとえば、2016年にアメリカ財務省がインパクト投資を促進させる意図で新たな指針を出した。ホワイトハウスの「社会イノベーションと市民参加局」局長はどのような機会がありうるかを明らかにした。「財団のマネジャーは、運用益だけでなく、投資から期待できる慈善の成果も財団のミッション推進のために使えると考えてかまわない。罰則的課税の心配をする必要はない」[*42]。財団は徐々にこの考えに注目し、より多くの財団がミッション達成のもう1つのツールとして基本財産を利用するようになってきている。

イギリスでも、新たなチャリティ法が2016年に通過して、財団理事の義務はたんに運用益をあげるのではなく、合理的範囲で財務的、社会的、環境的リターンを達成することであるとした。これは「社会的投資」を定義し、慈善事業に社会的投資をする権限を与えた。この法律は、「社会的投資とは適切な慈善行為が（a）慈善の目的を直接促進し、かつ（b）慈善事業のために財務運用益を達成するものである……法人格の慈善団体および非法人慈善団体の理事は、社会的投資をする権限を持つ」[*43]とした。

こういった変化に背中を押されて、財団は大きな存在感をもってインパクト投資の分野に参入するようになった。たとえば、ロンドンに本拠を置く独立系保健財団ガイズ&セントトーマス慈善財団は8億ポンド（11億ドル）に近い基本財産のうち、少なくとも5%は、社会の「よりよい健康を支援する」ために投資している。それによってヘルスケアを専門とする投資組織、アポジット・キャピタルを支援した。同社は、質の高い介護を手頃な価格で提供する事業に投資をする。[*44] 同財団は保有する3億8000万ポンド（5億540万ドル）の不動産資産にヘルスケア施設が入居できるようにした。[*45] 同財団の目的は、その資産を慈善事業のミッション達成に投入してインパクトを最大化することである。

ダレン・ウォーカーと投資に詳しいピーター・ネドシー会長が率いるフォード財団は、基本財産を使って運用益と社会・環境へのリターンの両立を達成しようとしている。2017年4月、財団の理事会は120億ドルの基本財産のうち、10億ドルをミッション関連投資（MRI）に充てることを承認した。[*46][*47] 基本財産額から配分された金額として今日最大のものである。[*48]

興味深いことに、フォード財団が慈善事業でイノベーションを率先して行ったのはこれが初めてではない。1968年、プログラム関連投資（PRI）を導入した。これは、慈善の貢献度が高く、財務的リスクが高い投資を助成金適格とするものである。今日まで、フォード財団は6億7000万ドル超の金額をプログラムの助成金としてPRIに回している。[*49] 現在では2億8000万ドルをPRIに配分して運用している。[*50] 財団が税制上の優遇を受けるには、基本財産の5％を毎年寄付として支出する必要がある。PRIは助成金としてこの5％の一部に含められる。対照的に、MRI投資は社会的、財務的リターンを求めるが、財団の基本財産で、外部に配分しない95％の一部として投資される。PRIが

ＭＲＩと異なるのはこの点である。

フォード財団のＭＲＩプログラムは基本財産の８％を占め、財団のミッション達成に使われる。この資金は市場レベルの運用益達成を狙う。ＭＲＩ投資が生み出す平均運用益は一般的にＰＲＩ投資よりも高い。助成金プログラムと基本財産の両方を組み合わせることで、財団の慈善事業目標達成に寄与している。

フォード財団は基本財産から配分する10億ドルをどのように使っているのだろうか？そう、たとえば３０００万ドルはＭＲＩとして、アメリカの低価格住宅市場で起きた危機対応に使われた。キャピタル・インパクト・パートナーズによる地域改善開発債や、ジョナサン・ローズ＆アバナスなどの低価格で環境に優しい住宅の開発業者への資金援助にも使われた。[*51] このアプローチは納得感が高いため、フォード財団は同様の取り組みを貧困者向け資金援助サービスに利用しようとしているところだ。[*52]

ダレン・ウォーカーはこう言う。「過去50年間の慈善事業が助成金を与えるための予算づくりだったとするのなら、次の50年間は、基本財産の残り95％を社会正義のために向けるべきだ」。ウォーカーは体制的な社会・環境問題を解決するにはフォード財団が10億ドル配分するくらいでは足りないと認識している。しかし、他の財団が同様の動きをするように仕向ける一助にはなるという。アメリカの民間財団は８５００億ドル超[*53]の基本財産[*54]を有し、アメリカ以外の国の財団は6500億ドルを有していることから、財団がさらに大きなインパクトを与える可能性は非常に高い。

他のアメリカの財団は、フォード財団に追随を始めた。クレスギ財団は基本財産の10%にあたる3億5000万ドルを2020年までに社会的投資に回すことを決めた。69億ドルの基本財産を所有するデービッド&ルシール・パッカード財団は、1億8000万ドルをインパクト投資に回すことを指示した。[*55] カナダでは、J・W・マッコーネル・ファミリー財団がインパクト投資への配分は10%を上回るようにした。[*56]

ポルトガルでは、カルースト・グルベンキアン財団がヨーロッパで先頭に立つ。最近では、基本財産から4000万ユーロ（4440万ドル）をMAZEマスタード・シード社会起業家ファンドに投資した。このファンドは世界の問題解決に役立とうとする初期段階のテクノロジーの規模拡大を目的とする。ファンドは、食糧廃棄から教育、移民や難民の社会統合を促進するなど、さまざまな問題に取り組むスタートアップ企業に投資する。[*57]

さらに遠い地域を見れば、日本の笹川平和財団が同じ方向に動いている。ジェンダーイノベーション事業グループ長の小木曽麻里氏は、笹川平和財団の目的達成のためには、「助成金を与えるのがもっとも効果的なツールとは限りません」という。そこでインパクト投資の研究を始めた。[*58] この方向に踏み出して、同財団は「アジア女性インパクトファンド」を2017年に設立した。これは100億円の基金で、女性のエンパワーメントとジェンダーの平等促進を目的とする。2018年に、この基金は10億円をブルーオーチャードの旗艦ファンド「ブルーオーチャード・マイクロファイナンス・ファンド」に投資して、女性のエンパワーメントを支援している。[*59]

さらに、ファミリー財団で基本財産の100%をインパクト投資に充当するところがいくつも出てきた。よく知られているところでは、基本財産3億ドルのヘロン財団がある。[*60]資産の100%がヘロン財団のミッションに沿った形できちんと投資されるようにすることは受託者義務だと考えている。[*61]

ヘロン財団はこの新たな運営方法を反映して財団の運営組織を変更した。投資運用部門（基本財産の運用益を最大化）と寄付部門（基本財産の5%を毎年寄付）に分ける代わりに、この2つを統合した。ヘロン財団のクララ・ミラーが「モノクロの世界」[*62]と表現するそれまでの方法とは対照的である。今では「みんなが一体となって、社会に役立つために、社会的そして財務的ミッションを最大限にしようと働いている」と言う。

ネイサン・カミングス財団はヘロン財団の例にならい、5億ドルの基本財産すべてをＥＳＧとインパクト投資に配分している。[*63]前代表兼ＣＥＯのシャロン・アルパートは、基本財産を使うことによるパワーを認識し、他の財団にも利用を勧めている。「財団は資産に何兆ドルも抱えていますが、その資源の存在に気づくことも、フル活用することもありません。資産の持つ可能性をフル活用して、私たちの投資力を活性化し、みんなが望む将来を実現させる。そうできると思っています」[*64]

シリコンバレー企業に長年勤めたチャーリーとリサ・クライスナー夫妻が設立したＫＬフェリキタス財団は、およそ１０００万ドルの資産全額をインパクト投資に充てる予定であり、仲間にもそうするように呼び掛けている。[*65] インパクト投資家の世界的グループであるトニイク（ＴＯＮＩＩＣ）の下で、クライスナーは「１００％インパクト・ネットワーク」を共同で設立した。これには１００以上のファミリー・オフィス、富裕層、財団（２０１８年の年次報告書によれば、うち23％がファミリー財団）が参加している。[*66] メンバーは資産のポートフォリオをインパクト投資に集中することを確約している。グループ全体で60億ドルの資産を所有し、そのうち30億ドル以上がすでに利用されている。[*67] 同グループは、インパクト投資家の国際的な運動を作り出すことを目指している。[*68]

インパクト投資を推進する新しい財団

ビジネスやＩＴで大成功をおさめた個人が設立する新たな財団は、新たな慈善モデルの重要な推進力となっている。彼らは短期的な助成金よりも持続可能な長期的資金を出すことに力を入れている。そしてサービス提供組織の活動実績よりも、成果をみることが多くなってきている。そして、イノベーションを促し、彼らの慈善資金を最大限活用するように促している。それもすべて、大きなインパクトを作り出すためだ。

資本主義の最高のツールを慈善に応用するのは、起業に成功して慈善家に転じた人がいちばん上手だ。オミダイア・ネットワークはｅＢａｙの創業者ピエール・オミダイアと妻パメラによって設立されたが、新世代の慈善家の間で大きな存在となっている。彼らは慈善事業の形を変えつつある。この組織は財団とインパクト投資会社のハイブリッド・モデルである。財団として助成金とＰＲＩを出し、インパクト投資会社としてパーパス志向型企業に投資をする。だが、始めた当初はこうではなかった。ピエール・オミダイアは今までの慈善事業とその限界にフラストレーションを感じた。と同時に、彼はビジネスが大きなスケールでインパクトを作り出せることを自身の経験から知っていた。そこで、彼は次のようなモデルへと変えていった。

私たちは財団を作り、たんに助成金を与えるだけの従来のやり方を数年試してみた。次第に少々イライラしてきたんだ。そして、ｅＢａｙが私企業として与えている社会的インパクトを振り返って考えた。共通の関心を持つ人たちが集まるプラットフォームを作って、生活はよくなった。新たなビジネスを生み出し、雇用を生み出し、生活は改善されている。ビジネスは世界をもっとよくできる。私はその可能性を見た。そこで、2003年から2004年にかけて、「よし、純粋な財団のアプローチは……もうたくさんだ」と言って、オミダイア・ネットワークという組織に再編していった。*69

「慈善投資会社」と自称して、オミダイア・ネットワークは従来の助成金を与えることと投資をすることの両方を行っている。慈善財団とインパクト投資会社が一緒になって「世界の人々に機会を作り出す同じ1つのミッションに向けて」動くようにした。*70 住処を失った離散家族の再会を手助けするウェブ・プラットフォーム「難民ユナイテッド《レフュジーズ》」は、彼らの慈善財団の助成金を受けた組織が作ったものである。ディライト（d.light）は太陽光発電で動く照明器具をアフリカの貧しい地域に安価で提供するものだが、これはインパクト投資部門による営利事業投資だ。*71 両方の事業は財団のミッションに向けて調和をとりながら動いている。

これまでのところ、オミダイア・ネットワークの15億ドルの半分は慈善財団の助成金に使われ、残り半分は営利事業としてパーパス志向型企業への投資に使われている。[*72] すべての慈善資金をインパクトに向けつつ、オミダイア・ネットワークはまたリスクを受け入れることに価値を見出している。オミダイア・ネットワークが支出金の10％を実験と学習に振り向けているのはそのためだ。オミダイアは、「慈善家は今までよりももっとリスクを取るべきだ」と言う。ベンチャー・キャピタル業界を引用して彼は言う。「あの人たちは、才能を花開かせた力の絶頂にある」。そして慈善家は彼らから学ぶべきだと言う。[*73]

オミダイア・ネットワークはまたインパクト投資分野で最大の支援者でもある。前CEOのマット・バニックはG8社会的インパクト投資タスクフォース（G8T）でアメリカを代表し、タスクフォースの全米諮問委員会、ソーシャル・ファイナンスUS、GSG、アフリカ中近東教育アウトカムズ・ファンドなどに大きく支援した。彼の後任、マイク・クブザンスキーは資本主義を新たな目で見直す努力に真摯に取り組んでいる。1999年にジェフ・スコールが設立したスコール財団とともに、eBayの創業者オミダイアはインパクト投資の成長を支援する著名人となっている。

オミダイア・ネットワークと同じように、スコール財団もイノベーションと起業家精神によって、世界規模で体系的変化を起こそうとしている。これこそが、インパクト慈善事業の新しいモデルの特徴だ。「社会的起業家は世界のもっとも厄介な問題を解決するのにピッタリの人たちだ」と信じ、「制約のない資金はイノベーションと起業家の成長に重要な役割を果たす」から、ジェフ・スコールはこれらの起業家の「イノベーションの規模拡大を手助けするために」長期的な資金を出して支援している。[*74]

スコールは助成金とＰＲＩの資金を、明確に定められた成果評価の枠組みに基づいて配分している。加えて、カプリコーン・インベストメント・グループ（彼の投資運営会社でＢコープ認証済）によって、基本財産はインパクト投資に向けられている。[*75]

助成金も投資も世界をよくするために使われるべきという強い信念から、スコール財団は投資が財団のミッションと齟齬を生まないように、カプリコーンにインパクト投資の利用を求めた。これは、カプリコーンが始めた動きだ。カプリコーンのマネジング・プリンシパル、イオン・ヤディガログルとマネジング・ディレクターのアラン・チャンはこう説明する。「最初のうちは、財団から投資について尋ねられると、私たちは、『私たちの仕事は投資をすること、あなたの仕事はお金を与えること』と言っていたものです。でも、財団はこの型にはまった回答に満足せず、私たちの投資のプラスとマイナスのインパクトについてもっとよく考えるように突っこんできました」[*76]

それ以来、カプリコーンはテスラなど二酸化炭素排出量を減少させる企業に投資するようになった。リチウム電池を開発するクアンタムスケープ、電力エアタクシーを作っているジョビー航空、風力駆動の自律型海上データ収集用ドローンを設計するセイルドローンなどもその例だ。[*77]

およそ450億ドルの基本財産を持つ世界最大の財団ビル&メリンダ・ゲイツ財団はビジネスの手法を慈善事業に取り入れ、助成金交付に成果志向のアプローチをとっている。助成金を出した組織に活動報告を求める代わりに、彼らは成果測定の方法を探す。[*78]

ゲイツはたんに助成金を出すだけではない。2009年に設立されたストラテジック・インベストメント・ファンド(SIF)を通じて低利融資を行い、株式出資をし、大きな問題に取り組む営利企業に最低購入数の保証を出す。[*79] 異なる問題に異なるアプローチを大きなスケールで試し、民間部門のイノベーションを上手に活用して、これらのツールを使いこなしている。

たとえば、世界の女性が安価に避妊具を手に入れられるように、財団は、市場に出ているなかでもっとも効果があり使い勝手のよい避妊用インプラントの売上1億2000万ドルを保証した。保証があれば、メーカーのバイエルやメルクは市場を確保できる。代わりに、メーカーはインプラントの価格を下げることに同意する。[*80] この努力のおかげで、4200万個以上が世界の最貧国に販売された。[*81]

株式投資に関しては、ゲイツは初期段階のバイオテクノロジー企業を対象とする。初期段階で出資すれば、投資先企業への影響力を得られるからだ。それによって、世界の最貧地域の貧しい人たちを苦しめている病気に科学的・技術的進歩が適用されるようにさせている。投資先企業が開発した商品やツールは、最貧地域の人々の手の届く価格帯にさせることもその一例だ。今までのところ、財団は合計7億ドル、40ほどの投資を行っている。[*82]がんや感染症に対応するワクチンを開発するキュアバック、免疫プログラミング技術を開発するヴィア・バイオテクノロジー、糖尿病やＨＩＶのような慢性疾患の治療を革新的な薬剤投与技術で変革しようとするインターシア・セラピューティクスなどもその中に含まれる。[*83]

最近のファミリー財団のなかでもっとも期待が持てるのは、チャン・ザッカーバーグ・イニシアチブ（ＣＺＩ）だろう。２０１５年、30歳のとき、マーク・ザッカーバーグと妻プリシラ・チャンは、彼らの所有資産４５０億ドルの99％をＣＺＩに回す予定だと発表した。[*84]彼らは、「個別対応学習、病気治療、人々を結びつけ強いコミュニティを築くこと」に集中してインパクト投資を大々的に支援すると発表した。[*85]

チャンとザッカーバーグは慈善事業に従来と異なるやり方をとる。彼らはＣＺＩを通常の財団組織ではなく、有限責任会社（ＬＬＣ）として設立した。こうすることで通常の財団が順守すべき規則の制約を受けずに済む。ＣＺＩはインパクトを目指す取り組みに投資して収益をあげ、それを他のインパクト組織に再投資する。このように最近の財団は、すでに確立された手法よりも、アウトカムズ・ファンドや成果連動型アプローチなどの実験にもっと前向きである。

こういった新入りのメンバーに、古くからの財団もいくつか加わり、新たな慈善事業モデルを実験している。たとえば、マッカーサー基金は先頭に立って、「触媒資金《カタリティック・キャピタル》」によってインパクト投資を呼びこみ、慈善団体の資金調達規模を拡大しようと新たに試みている。これは外部の投資家から資金を集めやすくするために、助成金の一部を割安の条件で資金に充てるものだ。マッカーサー基金は、最近ロックフェラー財団とオミダイア・ネットワークと組み、カタリティック・キャピタル・コンソーシアム（C3）を通じて、1億5000万ドルの低利融資と出資を行った。その目的は、慈善団体がインパクト投資にすぐ対応できるように手を貸し、多額の投資資金を呼びこみ、規模拡大の手助けをすることだ。[*86] 長い歴史のある慈善家と新入り慈善家との組み合わせは、インパクト慈善事業を前進させることだろう。

最後の審判が下るとき

2019年にオックスフォードで開催された「スコール・ワールド・フォーラム」の

セッションで、聴衆に向けて問いが投げかけられた。慈善事業は最後の審判のときを迎えていると感じていますか？ ほぼ全員が同意した。[87] 既存の慈善事業が変えるべきこととしてインパクト慈善事業が明確に示したのは、行動よりも成果を重んじなければならないこと、成果は測定可能であること、助成金に成果連動方式を利用すべきであること、財団の基本財産を慈善事業のミッション達成に役立たせるべきであることだ。

その本質からして、財団はインパクト革命で最高のリーダーになれる。慈善団体の立場と使命感から、彼らは、助成金を与える人、投資家、保証人、あるいは成果購入者と、さまざまな役割で実験することができる。財団はインパクト投資を支援する取り組みに対して資金をつけることができるし、サービス提供組織と政府、投資家を互いに協力させ、社会問題に新しいやり方で取り組むように仕向けることもできる。

彼らはまた、インパクト運動の促進のための資金調達に大きな役割を果たす。最近の新自由主義をはじめ、すべて大きな運動は、慈善家から資金を得ている。そして同様のことがインパクト運動でも起こりつつある。アメリカのオミダイア・ネットワーク、フォード財団、ロックフェラー財団、マッカーサー基金、クレスギ財団、そしてヒューレット財団、ヨーロッパでは、ドイツのベルテルスマン財団、[88] ポルトガルのカルースト・グルベンキアン財団、[89]（ジェイコブ）ロスチャイルド卿ファミリー財団、イスラエルのヤド・ハナディヴ、エドモン・ドゥ・ロスチャイルド財団、インドのラタン・タタとタタ・トラスト。すべてがインパクト運動を支持している。

可能な限り多くの人を助けるために、慈善事業はその持てる資源を最大限効果的に利用する義務がある。したがって、インパクト投資がもたらす機会を捉えなくてはならない。財団はリスクを取り、イノベーションに資金をつけ、助成金と基本財産の両方を使ってミッションを追求しなくてはならない。インパクト投資と、その新たなツールであるＳＩＢとＤＩＢ、アウトカムズ・ファンドに助けられて、慈善事業は私たちの抱える最大の問題に取り組む。慈善家はその性格からインパクト運動のリーダーにもっともふさわしい。そしてこの時代の最大の社会・環境問題に解決策をもたらして、慈善団体、投資家、起業家、ビジネス、そして政府を新たな時代の幕開けに先導する力を備えている。

第6章

より大きな問題をより早く解決する政府

プラスの成果を創出するために経済の仕組みを変える

私たちの経済システムは、自滅状態にある。拘束のない資本主義は、大きな社会・環境問題を作り出している。政府はあちこちに課税をして取り繕おうとしている。投資家と企業は利益を生むことだけに頭がいっぱいだ。これではどうしようもない。

インパクトはすべてを変える。汚染をまき散らし、不平等を広げている民間企業が、社会のために大きな力を発揮するように変わる。リスク・リターン・インパクトの最適化に努めて、起業家や企業は新たな商品とサービスを作り、私たちの生活と地球を改善しようとする。今日私たちが直面する社会・環境問題の大きさを考えれば、政府に必要なのは、企業が中心となった新しい解決策作りである。それがインパクト経済へと移行することだ。そこでは、消費と投資の判断はリスク・リターン・インパクトに基づいて行われる。

真のインパクト経済に移行することは、経済の仕組みを根本から変えることである。ビジネスと投資を利益だけで考えるのではなく、解決策を得るために必要なものだと理解するように変わることである。官民がそれぞれの持ち場で努力しなければならない。民間企業はイノベーションで新たな解決策を作り出し、政府は大きな問題対処に新たな方法を活用する必要がある。

インパクト投資はどのように政府の役に立つか

政府には、変化を起こし進歩を導く巨大な力がある。経済成長は望ましい解決策を作り出さなかったことを政府は認めている。私たちの社会が求めているのはたんなる平均的な生活水準の向上にとどまらない。繁栄に取り残された人々は困難な状況から逃避することができない。生まれたときからその状況にさらされていることも珍しくない。失業中で、麻薬中毒の両親のもとで生まれたなら、同じサイクルから抜け出せない可能性は高い。

貧困、不十分な教育、失業、高齢化、環境破壊などは私たちが直面する問題の一部でしかない。懸命な努力にもかかわらず、政府は必要な解決策を見出せずにいる。その理由の

1つは、政府がリスクの高い投資やイノベーション、たまの失敗に向いていない点にあると私は考えている。では、どうするか？　そこでインパクト投資の登場となる。

これまでの章で、インパクトは、起業家精神、投資、大企業、慈善事業の現状モデルをよい意味で破壊することを示してきた。また、インパクトは、政府に転機をもたらす次のような力を与える。そして政府が大きな問題をより早く解決する手助けをする。

1 政府支出によって達成された社会的成果を測定可能にする。政府の透明性、説明責任、効率性を高める。

2 IT革命のときと同様に民間資本と起業家精神を活用することで、社会環境問題に取り組むイノベーションを刺激する。投資家と慈善団体、企業、慈善家、政府を一体化し、大きな問題の解決を推進する。

3 公共サービスの調達に成果連動型アプローチを導入し、アウトカムズ・ファンドを通じて慈善家に寄付をさせ、ソーシャル・インパクト・ボンド（SIB）とデベロップメント・インパクト・ボンド（DIB）で当初必要になる資金を民間投資家に提供してもらう。政府は成果購入者となり、政府支出を効率化する。

4 未請求資産のような、税金ではないが公共の資産と見なせる資金を入手できる。未請求資産は銀行や保険会社、投資顧問会社などの休眠口座にある資金である。この資金を使って、力量のあるインパクト投資の運用者を育成することが可能となる。彼らはスタートアップ・キャピタルやグロース・キャピタルを慈善団体やパーパス志向型企業に提供できるだろう。

政府が調達にあたり求めるサービスに詳細な指示を出すやり方から、ＳＩＢの資金によって達成された成果に連動して支払うように考え方を変えれば、成果を求めて努力する市場が初めて生まれてくることだろう。喫緊の課題に解決策を見つけるには、政府がすべてにインパクト投資を促し、成果連動型モデルを取り入れ、企業や投資家にインパクト測定を奨励することが最善の方法だと思われる。

このように、政府はリスク・リターン・インパクト経済への移行を早めることができる。１９７０年代後半、ベンチャー・キャピタルに対して行ったように、政府はインパクト投資の急成長をもたらす触媒として、最適な立場にある。

アメリカでは、１９７９年に従業員退職所得保障法（ＥＲＩＳＡ）の修正が実施されて、企業年金基金がベンチャー・ファンドに投資することが許されるようになり、資金が急増する結果をもたらした。[*1] それまでは、ベンチャー・キャピタルのような高リスク資産に配分できる金額は厳しく制限されていた。1979年以降、年金基金のベンチャー・キャピタル投資資金は劇的に増加し、その結果1970年代には年間1億から2億ドルだったのが、1980年代の終わりには年間40億ドル以上となった。[*2] この重要な法制上の変更と、キャピタル・ゲイン税を1978年に28%へ、そして1981年に20%へと下げたことがベンチャー・キャピタルの大きな後押しとなった。それ以降ベンチャー・キャピタルは成長を続け、世界で1兆ドルほどの規模になっている。

体系的変化をもたらす政府の役割は極めて重要である。マリアナ・マッツカートは著書『企業家としての国家』の中で、政府は積極的に市場を形成し、創造したと論じているが、正鵠を射た指摘だ。これこそ今日政府がインパクト市場に対してすべきことである。政府は非常に明確な形でその成長を刺激することができる。その方法をこれから述べよう。

政府がすべき9つのこと

インパクト投資グローバル運営委員会（GSG）の報告書[*3]にあるように、イギリス、アメリカ、フランス、日本、カナダ、イタリア、韓国、イスラエル、ポルトガル、そしてオーストラリアと、世界のさまざまな政府が自国でインパクト投資の流れを刺激する努力を始めている。もし、次の9つのことが広く行われたなら、世界は根本的に変わるだろう。

1 企業に、自社のインパクト測定をするよう求める

２００８年の世界金融危機は、利己的なバンカーが原因とされているが、そのせいで金融システム全体に対する不満が広まった。それがきっかけで今日、システムを大きく改善すべきだという激論が闘わされるようになった。１９２９年の大恐慌のときと同様だ。もし、21世紀の課題に対する答えがインパクト経済であり、標準化されたインパクト測定基準がそのために不可欠であるのなら、政府は率先して、自社の活動から生じるインパクトのデータを集め監査するよう、企業に今すぐ求めるべきだ。

多くの政府はすでにその方向で動き始めた。たとえば、日本では２０１６年に社会的インパクト・マネジメント・イニシアチブ（ＳＩＭＩ）が活動を開始し、２０２０年に一般財団法人となった。投資運用会社、企業、非営利組織、および仲介機関など１６０社以上が参加し、この動きは、世界的なインパクト測定の指針となっている。フランスは政府が後援するインパクト事業への投資ファンドＮｏｖＥＳＳを通じて、独自に社会的インパクトを測定してモニターするＭＥＳＩＳを開発した。イタリアでは教育・大学・研究省が10の大学を支援し、新たなインパクト測定の知見を展開するようにしている。

ＥＵ加盟国はまた、２０１４年の非財務情報開示指令をそれぞれ自国の法律と一体化さ

せなくてはならなくなった。[*4] これにより、500人以上の社員を抱える大企業は、自社の社会的インパクト、環境インパクトを総合的に表す非財務情報開示報告書（NFIS）を出すことを求められる。これらの法律はインパクト加重会計のよい基盤となり、EU全体のインパクト経済創出に向けてよい一歩となるだろう。

比較的最近のことだが、2019年末にEUは新たな開示に関する法律を出した。これは、投資や助言のプロセスにESGリスクをどのように取り込むのか、その手続きを公表するよう投資家に求めるものだ。その目的は、さらに責任ある金融制度を目指して情報に基づいた選択ができるようにすることだ。[*5]

政府が全企業、全投資家にインパクト測定とその報告を求めるようになったら、それは新しい時代の始まりとなる。そして「価値」や「成功」は社会のニーズに沿ったものとなるだろう。

2 インパクト政策推進のために閣僚を指名する

インパクト担当大臣をトップに仰ぐ専門部署を政府内に作ることは、インパクトを積極的に政府の優先事項とするうえで必要不可欠だ。この大臣は支援政策を開発し、政府内のすべての部署がインパクト運動に協力するようにして、全国的なインパクト戦略を作り出す責任を負う。

２００３年、トニー・ブレア率いるイギリスの労働党は、当時「社会的投資セクター」と言われていた分野を支援する中央組織を設立した。デービッド・キャメロン率いる保守党が２０１０年の総選挙で勝つと、彼はインパクト投資の責任官庁を、首相直属の内閣府に格上げした。そのオフィスでフランシス・モード内閣府担当大臣、ニック・ハード市民社会担当大臣、内閣府の担当者キーロン・ボイルは、他のイニシアチブもさることながら、インパクト・エコシステムを推進する社会的投資銀行ビッグ・ソサエティ・キャピタルの設立に尽力した。1年後の２０１３年に、同じ内閣府はＧ８社会的投資タスクフォースの事務局を務めた。今日、この部署はデジタル・文化・メディア・スポーツ省市民社会局（ＯＣＳ）の中で引き続き仕事をしている。

ブラジル、フランス、カナダ、ポルトガル、韓国の政府は専門省庁を設立した。ブラジルでは開発・商工貿易省の中にイノベーション・新規事業事務局が作られた。[*6] この組織は、インパクト投資戦略10年計画「ＥＮＩＭＰＡＣＴＯ（インパクト投資とビジネスに関する国家戦略）」を開発し、ブラジルのインパクト分野を促進するのに役立っている。

フランスでは、環境連帯移行省が法律制定・規制・メディアを通じてインパクト投資の積極的な推進を行っている。また、「Pact for Impact（インパクト協定）」という連合に企業や関係機関、慈善組織、メディアを集結させ、インパクト経済を作り、推進し、強化する国際的計画を推進した。

3　社会問題のコストを発表する

成果に基づくアプローチを開発する重要な第一歩は、政府が社会問題のコストを算出することである。社会的インパクトを貨幣価値化し、財務リターンに結びつけることは極めて重要なことだ。再犯にかかわるコストを知らなければ、再犯率減少に対する適正価格がわからない。この情報を公開すれば、成果に基づく投資市場の基盤づくりに役立つ。

このことを念頭に置いて、イギリスの内閣府は2014年に「ユニット・コスト・データベース」を公表し、教育と実務スキル、雇用、健康、犯罪、住宅、社会サービスなどの分野で600以上の推定単位コストを提供した。[*7] 今までにもっとも包括的な社会的費用の貨幣価値化の試みであり、イギリスのインパクト投資エコシステムの中核となっている。

今までのところ、同様の動きを示したのはポルトガルだけである。同国は2017年に独自の政府コスト・データベースを作り上げた。オンライン・ポータルは90以上の社会的費用の指標を提供する。[*8] たとえば、刑務所の服役者1人に1日42ユーロ（47ドル）かかり、少年院の収容者1人に1日137ユーロ（145ドル）かかる。[*9]

非政府組織の運動でも同じようなデータベース作成に向けて動き出したところがある。長年のインパクト測定の支持者であるイギリスの非営利組織ソーシャルバリューUKは、グローバル・バリュー・エクスチェンジ（GVE）を設立した。3万以上のインパクト測定指標を収録したクラウドソーシングによる無料データベースで、貨幣価値、成果、指標、ステークホルダーのデータを提供している。[*10]

4 政府をインプットからアウトカム（成果）に移行させる

今日直面している社会・環境問題に取り組むとなると、時間もお金も無駄にはできない。だから、政府がインプットからアウトカム（成果）に視点を変えることがとても重要なのだ。今まで見てきたように、もっとも効果的な政府介入の方法を見極め、それを大規模に実践するには、成果に焦点を合わせるのが最善だ。もっと多くの政府が成果に焦点を合わせるようにすべきだ。そしてそれにはＳＩＢから始めるのがベストだろう。

フランス政府は2016年にＳＩＢの発行を始めた。フランスでは「ソーシャル・インパクト・コントラクト」と呼ぶが。現在フランスには6つの承認済ＳＩＢがある。第1号はフランス生まれのマイクロクレジット機関アディーによるもので、就職できずにいる人、あるいは起業したいが銀行融資を受けられない人にマイクロ融資をするものだった。

第2号は「パスポート・アブニール（未来へのパスポート）」によるもので、不遇な家庭の子供が教育を受け続けられるように大学院レベルまで金銭的な支援を行うものだ。[*11] 民間部門のリーダーも政府に追随を始めている。フランスで最大の銀行、ＢＮＰパリバはこれらフランスのＳＩＢすべてに投資をしている。

フィンランドにはすでに稼働しているか、現在開発中の成果に基づくプロジェクトが7つある。同政府は難民や移民の社会統合を目指して１４２０万ユーロ（１５８０万ドル）というヨーロッパ最大のＳＩＢを発行した。また、ヨーロッパで初となる環境インパクト・ボンド発行の準備を進めている。

ソーシャル・ファイナンス・イスラエルのＣＥＯヤロン・ノイドルファーのリーダーシップのもと、イスラエル政府は直接・間接的に2つのＳＩＢに参加した。１つは2型糖尿病予防を目指すもので、もう1つはベドウィンの児童の数学教育を改善しようというものだ。[*12]

ポートランド・トラストは「（シンク・タンクならぬ）アクション・タンク」で、２００３年にサー・ハリー・ソロモンと私が共同設立した非営利組織だが、イスラエルとパレスチナ間の平和を経済的側面から見ていこうとしている。この組織で、別の糖尿病予防ＤＩＢを２０１７年にパレスチナに作った。バンク・オブ・パレスチナが投資資金を出し、パレスチナ・テレコミュニケーション社が主たる成果購入者となり、パレスチナ自治政府も協力している。この小規模なＤＩＢに続いて２０１９年に５００万ドルの「世界銀行パレスチナ人雇用」ＤＩＢが出された。このＤＩＢでは、世界銀行がパレスチナ財務省を通じて成果を購入する。投資家にはパレスチナ・インベストメント・ファンド、インベスト・パレスチナ、欧州復興開発銀行（ＥＢＲＤ）、オランダ開発金融公庫（ＦＭＯ）などが入っている。

アルゼンチンでは、政府支援による最初のＳＩＢが２０１８年ブエノス・アイレスで発行された。このインパクト・ボンドの目的は、ブエノス・アイレスの南側に住む何らかの問題を抱えた若年層の雇用状況改善である。機関投資家と民間の投資家によって資金を得たが、政府はその地域で将来行うＳＩＢの試験的試みと捉えている。[13]

イギリス政府は実験的なＳＩＢのために専用ファンドを立ち上げた。２０１２年にイギリス労働・年金省は３０００万ポンド（３９９０万ドル）の「イノベーション・ファンド」を立ち上げ、恵まれない若者を支援するＳＩＢの成果に支払うこととした。さらに「２０１２年社会的価値法」によって政府調達におけるインパクトの注目度をあげた。この法律は政府調達において、入札価格のみならず、経済・社会・環境の3要素を考慮して発注することを要求している。[14]

現在、イギリスは必然的な次のステップとして、成果に基づく契約の割合を大きくしようとしている。イギリス政府は成果に基づく契約を、雇用、ヘルスケア、服役者の社会復帰、国際開発の分野で利用するようになっている。1つ例をあげれば、「困難を抱えた家族」プログラムがある。このプログラムは、不登校や失業、メンタル・ヘルス、家庭内暴力、犯罪といった問題を抱える50万世帯以上に対処するもので、10億ポンド（13億3000万ドル）以上の予算が配分されている。[*15]

成果に基づく契約を大きく広げることで政府がもっと効果的に資金を使えるようになるだけでなく、SIB市場が活況を呈するようになり、政府の努力を支援する民間資本を集めるようになっている。

5 効果的なサービス提供のために「セントラル・アウトカムズ・ファンド」を作る

「セントラル・アウトカムズ・ファンド」はSIBやDIBなどの成果に基づく契約を促進させる。セントラル・アウトカムズ・ファンドが大規模になれば影響力が上がり、政府や慈善家、民間部門の協力関係を促進する。また、政府の政策支援プログラムの設計にも役に立つ。また、何がうまくいくのか、コストがいくらかかり、政府はいくら出費を節約できるのか、エビデンスを得ることができる。

前述したイギリスのブリッジズSIBファンドから得られたエビデンスを見ると、成果報酬4600万ポンド（6120万ドル）によって、成果購入者である官庁に8000万ポンド（1億640万ドル）に近い価値を生み出したことがわかる。これには、保健や福祉、司法などにおける長期的な支出減は含まれていない。[*16]

2016年に、イギリス政府は最初のセントラル・アウトカムズ・ファンドを立ち上げた。中央政府が8000万ポンド（1億640万ドル）を拠出した「ライフ・チャンス・ファンド（LCF）」は、麻薬やアルコール依存症、児童福祉、若年者や高齢者で深刻な問題を抱えている人たちを救済する目的で設計された。LCFには、さらに地方自治体が3億2000万ポンド（4億2560万ドル）を拠出し、計4億ポンド規模になっている。中央政府のみならず地方自治体にもその成果と節約が生じることを認め、アウトカムズ・ファンドが成果報酬の20%を支払い、地方自治体が残りを負担するアプローチをとる。

アメリカでは「社会的インパクト・パートナーシップ法（SIPPRA）」が2018年に連邦議会で可決された。これは成果に基づく資金支援にするもので、財務省が9200万ドルを用意した。対象となるプロジェクトは、母子の健康増進、ホームレス削減、再犯率低下、若年層の雇用増加などで、「社会的利益と連邦政府あるいは地方政府の支出減をもたらす成果」でなければならないというのが主な条件である。

6 インパクト投資を国際開発援助に組み入れる

前述のとおり、国連のSDGsを達成するには、今後10年間、毎年3・3兆から4・5兆ドルの資金が必要とされる。国際開発援助の資金の流れは、毎年およそ1・4兆ドルである（海外直接投資と出資、政府開発援助、開発金融機関による投資を含む）。となれば、毎年2兆5000万ドルが不足することになる。[*17] 政府の予算制約はますます厳しい。また公的資金を有効利用していることを示せという世論の圧力もある。国際開発援助は従来のツールにだけ依存するわけにはいかない。開発への課題に取り組むには新たな方法を探す必要がある。

政府は新たなアプローチの必要性を認識している。2019年のG7開発大臣会合はインパクト投資を支持し、インパクト・ボンドやアウトカムズ・ファンドの開発を支援すると発表した。そして「2030アジェンダに貢献できる、有意義かつ効率的な資金調達のアプローチとしてのインパクト投資市場の成長を支持する」と表明した。また開発途上国へのインパクト投資を支持し、それを「可能にするための政策環境の創出」の必要性を強調した。[*18]

イギリス国際開発省（ＤＦＩＤ）やアメリカ国際開発庁（ＵＳＡＩＤ）などの公的開発援助機関は、すでにインパクト測定とインパクト投資を活動に組み入れ始めている。ＤＦＩＤは「インパクト・プログラム」を２０１２年に立ち上げ、今後23年間に１億６０００万ポンド（２億１２８０万ドル）を提供し、サハラ以南のアフリカ諸国と南アジアでのインパクト投資市場の促進を目指している。[19] このプログラムはイギリスの開発金融機関でＤＦＩＤの投資窓口となっているＣＤＣを通じて投資する。ＣＤＣはアフリカと南アジアに出資と融資の形で55億ドル投資しており、さらに最近開始した「カタリスト・ストラテジーズ」という取り組みに15億ドル拠出し、「インパクトの先駆者となるのと引き換えに、柔軟なリスク・アプローチをとる」ことで、「初期段階の市場を形成し、より包摂的で持続可能な経済を築く」こととした。[20]

巨額のリソースを持つことから、イギリスのＣＤＣやアメリカ海外民間投資公社（ＯＰＩＣ：現・国際開発金融公社［ＤＦＣ］）のような開発金融機関は新興市場で強力な投資家になっている。したがって、彼らがインパクト投資、インパクト測定、成果連動型プログラムの成長促進に関与することは今や極めて重要になっている。

政府の開発援助機関はアウトカムズ・ファンドを設定して、インパクト投資を促進できる。そして開発金融機関はＤＩＢに投資できる。この新たなモデルが現場でどう動いているかのおもしろい例は、528万ドルの「ビレッジ・エンタプライズ」DIBだろう。これは、4年間で4000以上の持続可能なマイクロ企業を作り出してケニアとウガンダの辺鄙な地域に住む1万2000超の家族の生活を変えようとするものだ。[*21] 貧困緩和を狙う世界初のDIBであり、初めてサハラ以南のアフリカを対象としている。USAIDとDFIDから成果達成時の支払いへの助成金を取り付けている。[*22]

この例の場合、USAID、DFIDその他の援助資金供与者は第三者が運営するアウトカムズ・ファンドに寄付をすることになっている。もし「ビレッジ・エンタプライズ」が貧困緩和の目標を達成すると、当初出資をした投資家はアウトカムズ・ファンドから資金の償還を受ける。従来の助成金よりも多額の資金を得られるから「ビレッジ・エンタプライズ」は恩恵を被る。[*23] USAIDとDFIDはビレッジ・エンタプライズが実際に成果を出したときにだけ支払えばいい。

7 「インパクト資本ホールセラー」を設立するために、未請求資産を放出する

指をパチンと鳴らすと国の予算に25億ドルが追加されると想像してほしい。税金を上げるわけでもない。重要なプログラムの経費を削るわけでもない。未請求資産を利用すれば

これができることを世界中の政府が発見しだした。どこからともなくお金が生まれてくるようなものだ。

未請求資産（休眠資産とも呼ばれる）とは、銀行、保険、投資などで長期間休眠状態にあるもので、政府が社会問題に取り組む際の公的資金源として有力視されているものである。実際、各国政府の中ではすでにこの「ただのお金」を利用してインパクト資本ホールセラーを設立し、インパクト投資の成長加速を狙っているところもある。

インパクト資本ホールセラーは、インパクト投資企業に資金を提供し、他の投資家の参加を呼びかけ、インパクト測定を促進し、教育と協力によってインパクトのエコシステムを推進する。インパクト投資会社に直接投資することもできるし、これらの会社が運用するファンドに投資することもできる。彼らはまたインパクト部門の推進者として行動し、普及に努め、政府が支援策を立案するよう働きかける。政府や民間部門から直接、あるいは未請求資産から、さらにはこの3つすべてから資金を出してもらうことができる。

イギリスは、未請求資産が社会変革の火付け役になる可能性があると見た最初の国である。2011年、私が議長を務めた未請求資産委員会（2005〜2007年）の推薦に従い、内閣府担当大臣フランシス・モードが、社会的投資銀行を設立するよう私とJPモルガンのニック・オドノホーに依頼してきた。それは社会的投資タスクフォースが2000年に推奨した線に沿ったものだった。キャメロン政権は4億ポンド（5億3200万ドル）の未請求銀行資産をこの目的のために出す用意がある、と彼は話してくれた。

2012年、バークレイズ、HSBC、ロイズ、ロイヤル・バンク・オブ・スコットランド（RBS）によって2億ポンド（2億6600万ドル）が追加され、ビッグ・ソサエティ・キャピタル（BSC）設立に使われた。BSCでは私が議長となり、オドノホーがCEOとなった。その後、さらに6億ポンド（7億9800万ドル）が「リクレイム・ファンド（請求基金）」に出された。これは未請求資産を回収し、政府の指示に従ってそれを配分する機関だ。*24

BSCの役割は慈善事業と社会的企業に投資する投資運用会社に資金を提供することだ。その目的は、成長著しいインパクト部門のインフラを築き、それまで寄付と助成金に頼るしかなかった社会組織に投資をもたらすことだ。また、インパクト投資の普及を促し、政府と社会問題について政策論を闘わすときには、インパクト部門を代表する。

設立以来、BSCは直接、あるいはBSCが勧誘した共同投資家とともに17億ポンド（23億ドル）の資金を投資する責任を負ってきた。これまでに40社以上のインパクト投資運用担当者に資金を供給してきた。これら運用担当者はその資金をさまざまな社会問題解決に利用している。ホームレス問題や低価格住宅、若年層の失業問題、コミュニティ組織、小児肥満、メンタルヘルスなどが対象となっている。[25]

これは何を達成するのか？　私の後任のBSC会長サー・ハーベイ・マグラス、そして前CEOのクリフ・プライアーの言葉によれば、「1100以上の革新的で情熱をもってよく働く社会的起業家と慈善団体に、イギリス中の人々の生活を改善させる資金を提供して、力強い変化を後押しする」。

イギリスの未請求資産の流れを広げようという計画は進行中である。2019年に、ニック・オドノホーが議長を務める未請求資産委員会は、保険会社、年金基金、投資顧問会社が所有する未請求資産から上限20億ポンド（27億ドル）が追加拠出できるだろうと報告している。

いくつかの国がイギリスの動きに追随して、インパクト資本ホールセラーを設定した。未請求資産を利用している国もある。日本は今後5年間に銀行が保有する35億ドルの未請求資産を放出すると発表した。「民間公益活動を促進するための休眠預金等に係る資金の活用に関する法律」（休眠預金活用法）が2016年に国会で可決され、10年以上休眠状態にある銀行口座から指定活用団体（日本民間公益活動連携機構）の新たなファンドにお金が回されることになった。[26] 日本のGSG国内諮問委員会によれば、5年間に毎年700億円が助成金、融資、その他の形で民間部門に流入することになろうとのことである。[27]

世界の他の地域に目を転じよう。ポルトガルはポルトガル・イノバサォン・ソシアル（PIS：Portugal Inovação Social）を設立した。これはEUが組成するヨーロピアン・ソーシャル・ファンドなどから1億5000万ユーロ（1億6700万ドル）の資金を得たホールセラーである。[*28]韓国は3億ドルでホールセラーを設立することを発表した。その半分は政府、残り半分は民間部門から出資される予定である。イタリアは2500万ユーロ（2800万ドル）を、インパクト資本ホールセラー設立を担当する開発金融機関、イタリア預託貸付公庫（CDP）に配分した。2019年にアイルランドは休眠口座行動計画を導入し、恵まれない人たちを支援するために3000万ユーロ（3330万ドル）を上回る資金を提供した。[*29]カナダでは、インパクト投資MaRSセンターが10億ドルの未請求資産（銀行や証券の未請求資産、裁判で提供されることが決まった資産を含む）を「低価格住宅、雇用、貧困削減その他の優先事項」へのインパクト投資に利用している。[*30]

アメリカ政府はこのようなインパクト資本ホールセラーをまだ設立していないものの、インパクト資本を中小企業庁を通して供給している。同庁は、2011年に10億ドルのインパクト投資基金を設立し、毎年2億ドルを小規模な事業に投資するプライベート・エクイティ・ファンドに出して、財務的リターン最大化を求めると同時に、測定可能な社会的・環境的・経済的インパクトを生み出すようにしている。[*31]

7年間ビッグ・ソサエティ・キャピタルで経験して、私は、インパクト資本ホールセラーがインパクト投資市場の育成に必要不可欠であることを認識した。また、株式市場が仲介業者なしには機能しないのと同様に、インパクト市場も中間業者が必要であり、インパクト資本ホールセラーから資金を得るインパクト投資会社がそれにあたる。こういったインパクト投資会社はベンチャー・キャピタルほど魅力的に見えないし、トレーディングフロアで大声で叫ぶトレーダーたちのような象徴的存在でもないかもしれない。しかし、どの市場にも言えることだが、インパクト市場も彼ら抜きでは機能することも成長することもできない。

8 法規制と優遇税制を通して、インパクト資本の供給を増加させる

政府が自由に使える最大の手段は、投資家の資本の流れに影響を与えることだ。投資顧問会社は世界で85兆ドルを運用している。年金基金は38兆ドルを運用している。*32 これらの数字は天文学的な数字で、もしインパクト達成に使われたら、目の前の深刻な社会的・環境的課題に取り組む政府の努力に大きな力となることだろう。1980年代にベンチャー・キャピタルが爆発的に伸びたことを見れば、法制の変更、優遇税制で業界が劇的に変わり

うることがわかる。

イギリスは慈善団体を投資対象にした「社会的投資」への優遇税制を導入した最初の国だ。２０１４年に導入された社会的投資減税制度（ＳＩＴＲ）は、社会的投資に30％の減税を行った。この制度の恩恵に与って投資を受けたのは、服役者を訓練してパン職人に育てるグラスゴーのフリーダム・ベーカリー、若者の労働と成人教育に携わる生活協同組合ＦＣユナイテッド・オブ・マンチェスターなどがある。ブリストルの近くにある美しい桟橋で有名なクリーブドン埠頭は、ＳＩＴＲを通じて資金を得て、桟橋を改修・復元をした。[*33]

残念ながら、ＥＵの「国庫補助」規制は、投資家がＳＩＴＲを利用して投資できる上限金額を低く抑えている。その結果、ごくわずかなお金が流れるのみとなっている。この規則は現在見直しされているが、上限金額が大きく増加されることを望みたい。

アメリカでは、低・中所得層向け低価格住宅の開発を促進したように、税額控除は長いこと社会的投資に重用されてきた。最近では、オポチュニティ・ゾーンとして指定された地域への投資に対してキャピタル・ゲイン税の減税、繰り延べ、免除がされるようになっている。[*34]

フランスでは連帯基金とインパクト事業への投資に、18％の所得税減税と50％の相続税減税が与えられた。[35] ポルトガルはSIB報奨金を出す数少ない国の1つである。イタリアは小規模な社会的企業に株式出資した場合には20～25％の減税を提供している。アルゼンチンは再生可能エネルギーとグリーン・ボンドの投資に税制優遇措置をとっている。[36]

税制優遇措置に加え、法規制面での支援があれば、年金基金や慈善団体の基本財産などを運用する投資家グループが、インパクト投資に乗り出すことができる。フランスは年金基金の分野ではリーダー的存在である。2001年には「90／10連帯基金」が導入され、2008年には全国の従業員年金貯蓄（EPS）プランに対象が拡大された。今では年金貯蓄を運用するすべての金融機関が、資産の10％までを未上場の社会的企業に配分し、残り90％は社会責任投資のガイドラインに沿って従来の上場企業に投資をするというプランを提示しなければならない。第3章で見たように、これらのファンドの人気が上昇しているために、市場規模は2009年の10億ユーロ（11億ドル）から今日およそ100億ユーロ（111億ドル）に伸び、100万人以上の加入者のために投資するようになっている。[37]

年金基金が世界で巨額の資金を抱えていることを考えれば、年金基金の規制改革は政府の優先事項であるべきだ。フランスのように、個人がそれぞれの価値観に従って貯蓄プランを選べるようにするのは妥当な考え方だろう。たとえば国連の持続可能な開発目標（SDGs）の達成に貢献することを目的とするポートフォリオを選ぶ、という感じだ。

まだやるべきことはたくさんある。現状の法規制の枠組みでは多くの機関投資家が利益のみを追求するようになっているが、それではインパクト・プロジェクトへの資金流入が大いに抑制されてしまう。私は自分の会社、エイパックス・パートナーズを通して、法規制の変更で市場が開放されると何ができるかを見てきた。我々のヨーロッパで最初のファンドは、1981年にイギリスに投資するために募集されたのだが、わずか1000万ポンド（1330万ドル）でしかなかった。[*38] 私が会社を辞める前に出したヨーロッパで最後のファンドは、2002年に募集されたが、50億ユーロ（56億ドル）の金額になった。[*39] エイパックスはその後110億ユーロ（122億ドル）のファンドを募集した。

金融市場は、このように機能するのだ。新しい金融商品は出来上がるまでに時間がかかる。だが、いったん確立されると、幾何級数的に伸びる。エイパックスの成長は、年金基金を取り巻く法規制環境の変化、起業家への優遇策の確立、起業家とベンチャー・キャピタルへの政府の支援の賜物である。今日、インパクト投資に対して同様の支援を行えば、さらに大きな資本の流れを作り出すだろう。

9 慈善団体やパーパス志向型企業のインパクト投資に対する需要を後押しする

政府は法規制を変更してインパクト投資の供給を伸ばすことができる。しかし、社会サービス提供組織やパーパス志向型企業の発展を支援して、政府はインパクト投資の需要を伸ばすこともできる。出てきたお金は、どこかで使われなくては意味がない。政府は、パーパス志向型起業家のメンターとなるインキュベータやアクセラレータに資金的支援をすることもできる。彼らはパーパス志向型起業家を育成し、インパクト投資を受け取る準備をさせて、大規模なインパクトを与えられるように手助けする。

そのために、イギリス政府はビッグ・ソサエティ・キャピタルとビッグ・ロッタリー・ファンドの共同投資により2015年にアクセス財団を設立した。1億ポンド（1億3300万ドル）のこの財団は、初期段階にある社会的起業家や慈善団体が成長に必要な資金を入手できるようにすることを目的としており、主に2つのプログラムがある。1つは成長基金で、1組織につき上限15万ポンド（20万ドル）まで、融資や助成金と同額を出して支援する。もう1つは、インパクト組織が「投資受入体制完了」となるように支援する能力構築プログラムである。[*40]

フランス政府はパーパス志向型事業を支援しようと努力している。2016年に官民が合わせて1億ユーロ（1億1100万ドル）を出資し、インパクト事業のための投資ファンド「NovESS」を立ち上げた。社会的イノベーションを加速させる国立のアクセラレータ、パイオニア・フレンチ・インパクトは今後5年間に10億ユーロ（11億ドル）の資金を受けることになっている。パーパス志向型事業が一定規模に育つまでの間、支援するための資金である。

アジアでは、韓国が新たな政策を導入した。庶民金融振興院（KINFA）もその1つである。これは公的金融機関で、社会問題に取り組む事業に融資保証をする。韓国中小企業庁も2018年の初めから同様の融資保証を行っている。[*41] また、政府機関の韓国社会的企業振興院（KoSEA）は、社会的企業にアクセラレータとインキュベータの役割を果たすプログラムを提供する。[*42]

オーストラリア政府もまたインパクト投資市場育成のステップをとっているが、いずれも規模はあまり大きくない。「社会的企業開発投資基金（Social Enterprise Development and Investment Funds）」のプログラムは2011年にオーストラリア教育・雇用・職場関係省によって設立された。[*43] このプログラムを拡大するために当初助成されたのは2000万豪ドル（1163万ドル）で、同額の2000万豪ドルを民間が投資した。[*44]

アルゼンチンでは、工業生産・労働省が2017年に設立したベンチャー・キャピタル・ファンド、フォンデセ（Fondece）が4年間にインパクト事業を営むVCファンドとインキュベータに1億7200万ドルを投資する予定である。環境省は、また、起業家、とくに持続可能な開発に従事する起業家を支援する国家プログラム「プロエサス（PROESUS）」を設定した。

EUもまた社会起業家の支援を行っている。「ソーシャル・インパクト・アクセラレータ（SIA）」は2億4300万ユーロ（2億7000万ドル）の基金で、ヨーロッパにおける社会的事業を対象とする社会的インパクト基金に投資をする。[*45]

アメリカのBコープの考え方に類似した新たな法人形態の構築に進捗を見せている国もある。インパクト投資家が簡単に適切な企業かどうかを見分けられるようにするのが狙いだ。イタリアでは最近社会部門で改革が行われたが、アメリカのBコープと類似の新たな法人を導入して、「インプレサ・ソシアレ（Impresa Sociale：社会的企業）」を作った。これはパーパス志向型事業に対して与えられる法人格で、これによって社会部門に対して民間からの投資が可能になる。フランスも同様の法律を導入した。パクテ法は「ソシエテ・ア・ミッシオン（société à mission：ミッション法人）」という新たな法人格を作り、定款のなかに利益以外のミッションを含めることを可能とした。[*46] アルゼンチン、ブラジル、イスラエルもまた、同様の法律を検討中である。[*47]

巨大な船でも方向転換できる

市民は、税金がどのように使われ、自分たちの年金がどう投資されているのかに関心を持っている。学校、病院、介護、そして環境保全など政府がコミュニティの社会・環境問題にどう対処するつもりか注目している。世界規模では、目前に迫った気候変動危機の脅威、環境破壊がもたらす人間や社会への影響、ますます広がる格差が意味する悲惨な状況を十分認識している。

政府は、急激な変化に対する世論のプレッシャーを感じ、緊急に行動をとる必要があると理解している。10年前、経済システムをどう改善すればよいのか私たちはわからずにいた。だが今や変革への準備は万端だ。ＯＥＣＤの２０１９年報告書は、政府はインパクト市場を促進し、育成する役割を果たすべきとしている。[*48]具体的には標準化された測定基準や報告書の形式を開発し、市場のインフラを築き、投資家に対するインセンティブを導入するなどだ。現在の政治は二極化しているが、それでも市場の力や起業家精神、イノベーションを活用し、社会的流動性を高め、機会や社会経済的成果を公平に分配することは、左派と右派が同意できるはずだ。

問題解決を政府と慈善事業だけに依存し続けるわけにはいかない。その代わりに、私たちはビジネスと投資の力を利用すべきだ。アメリカ政府が法規制に新たなリスクの考え方を取り入れてベンチャー・キャピタル育成に寄与してIT革命に資金を回したように、今日政府はリスク・リターン・インパクトの新しい考え方を採用すべきだ。そして、法規制の力を使って、その進歩を加速させるべきである。今回、政府が得るものはさらに大きい。インパクト投資はインパクト経済への道に導く。それは私たちが抱える大きな課題に解決策をもたらしてくれるはずだ。

世界のどこでも政党を超えてインパクト運動への支援が行われている。たとえば、イギリスでは、トニー・ブレアとゴードン・ブラウンの労働党政権が社会的投資への努力を始めたが、デービッド・キャメロンの保守党政権でも継続された。アメリカではポール・ライアンやトッド・ヤングなどの共和党のリーダーがジョン・ディレイニーなど民主党員と共にSIBから成果を購入する資金として1億ドルの予算をとった。*49

成果に応じて福祉サービスの提供に支払うのであれば政府の支払いは費用対効果を高くできる点に魅力を感じる政治家もいれば、格差是正、生活改善、地球環境保全などに金融市場を利用する点を魅力と思う政治家もいる。動機がどうであれ、経済は劇的に変化し、生活や環境に大きな改善をもたらすだろう。この瞬間を捉えた政治リーダーは、この時代の大きな課題に対応して、より公平でもっと効率的な経済システムに移行するようリーダーシップを発揮して、後世に名を残すだろう。

手の届くところに、パワフルな解決案がある

世界は不安と不確実性に囲まれている。そして政府は手をこまぬいて何もせずにいる。しかし、手の届くところにパワフルな解決策がある。大きな問題を早期に解決する力を政府に与えるもの。それがインパクトだ。

目標を確実に達成するために、10年から20年の間に政府支出の相当部分は成果連動型になると私は信じている。政府は民間部門の資本を引き込み、民間部門は情熱をもって喫緊の課題に取り組むサービス運営事業者に資金をつけるようになるだろう。成果連動型プログラムはよりよい成果をもたらすだろう。当然、うまく機能しないサービスは停止され、政府は何が機能し、何がうまくいかないかを把握できるようになる。そして社会問題を解決する成果にいくら支払えばよいのかがわかるようになる。

いちばん重要なことは、インパクト投資を使ってインパクト経済へと導くことがベストだと政府が理解することだ。

実験的なインパクト投資をする時期は終わった。今こそ政府は、リスク・リターン・イ

ンパクトの新モデルを把握し、大規模なレベルに一歩進めるべきだ。インパクト革命を成功させるには3つの短期的目標達成が必要だ。①企業と投資家がインパクト測定を広く採用すること、②インパクト志向型企業に投資が流れるように強力なエコシステムを作ること、③政府が成果に基づく支払い方法に移行すること、の3点だ。

19世紀スペインの詩人、アントニオ・マチャードはこう書いた。「道はない。歩くことで道はできる」。今こそ、政府は私たちを新たなインパクト投資、インパクト経済、そしてインパクト資本主義への道に導くべきときだ。

第7章 インパクト資本主義の「見えざる心」

意志あるところに道はある。今は行動のときだ

世界中で、資本主義と民主主義が大きな試練のときを迎えている。現状の格差のレベルは持続可能ではないことがいよいよ明白になってきた。先進国でも発展途上国でも、世界中の人々が社会的・経済的・環境的な配分が不公平なことを腹立たしく思っている。政府も慈善家も、援助なしで、のっぴきならぬ問題に解決策を見出せるとは期待していない。各国政府は、現場で必要とされる革新的解決策が、政府から常に提供できるものではないという事実に目覚めた。これでインパクト投資がなぜ登場してきたのか説明がつく。経済システムを改善するのに必要なものを具体化したのがインパクト投資だ。それ

は、経済・社会・環境の結果をもっと公平に再分配する道を示してくれる。そして、それは自由市場と資本を使って成長するが、同時に、繁栄から取り残された人々を助ける経済だ。インパクト投資はインパクト革命の到来を告げる。それがＩＴ革命と同様、革新的かつ破壊的であることは間違いない。

今日の不平等は、政治もその一因だろう。だが主には経済システムの結果だ。２００年以上の間、現状の資本主義は繁栄を導き、何十億もの人を貧困から救い出した。だが、もはや広範な社会と経済の進歩を約束できなくなっている。そこから生じる社会と環境に与える負の影響はあまりにも巨大となり、手に負えなくなってしまった。

産業発展の初期段階では、政府は工業化が生み出す環境への影響に対処できた。だが、今日その規模があまりにも巨大になったため、新しい強力な解決策が求められるようになっている。私は、資本主義経済システムをガラッと変えて、体系的に社会・環境の改善を図るべきだと考える。利益のみを志向する今日の「利己的資本主義」とも言うべきものから、利益とインパクトを同じように求める将来の「インパクト資本主義」に移行すべきだと思う。

この達成のためには、本書の随所で見てきた5つのステークホルダーを刺激して、それぞれが真に変化するよう、それぞれの役割を果たすようにすべきだ。本書からどのような結論が導きだされただろう?

1 私たちが抱える社会・環境の課題は、現状のシステムをこね回しているだけでは解決できない。

2 利益と並行して、インパクトを経済システムの中心に据えるべきだ。それがプラスの成果を引き出す体制を作り出す。

3 創出されたインパクトを信頼できる形で記述する、企業向けインパクト加重会計は、リスク・リターンからリスク・リターン・インパクトのパラダイムへと変わる重要な分岐点となるだろう。

4 リスク・リターン・インパクトの投資収益はリスク・リターンの収益と少なくとも同じレベル、たいていはそれ以上のレベルを達成するだろう。

5 リスク・リターン・インパクトの考え方は、起業家精神やビジネス、投資、慈善事業、政府を破壊しつつある。このディスラプションの範囲はITが及ぼしたものと同程度といえよう。

6 リスク・リターン・インパクトの考え方が引き起こす連鎖反応は、若い消費者、起業家、働く人々の間ですでに起こりつつある。彼らは投資家の行動に影響を与え、投資家は彼らとともに企業、慈善家、政府の行動に影響を与えている。

7 インパクト投資は、インパクト経済への道を切り開く。それを助けるのは、インパクト測定、インパクト測定が可能になって出てきたSIB／DIBやアウトカムズ・ファンドなどの新しいツール、インパクト資本ホールセラーなどの新しい組織、そしてインパクト起業家である。

8 インパクト資本主義とそれを維持するインパクト経済が生まれ、成功を収めるだろう。私たちの将来はそれにかかっていることを理解する世代の価値観そのものだからだ。

パワフルな新しいアイデアが劇的変化をもたらした例は以前にもある。18世紀後半、ジャン・ジャック・ルソーの『社会契約論』は、君主は神から統治権限を与えられているという考えを攻撃し、人々の意志が国家の方向性を決めるべきだと論じた。彼の著作はフランス、アメリカなどで政治改革と革命に火をつけた。新たに確立された社会契約のもとでは、民主主義は政治の領域で個人の権利を守るものとなった。私たちの世代の挑戦は、社会と経済の領域で個人の権利を守ることだ。

ルソーが彼の政治思想を世界に投げかけたように、アダム・スミスは「市場の見えざる手」の理論を『国富論』で世に出した。個人が自由市場経済で自身の利益のために行動をして、商品の需給均衡を作り出し、それがすべての人にとって最善のことになるという喩えである。これ以降、彼の思想は経済学の言説を席捲した。

実のところ、アダム・スミスは『国富論』が出版された1759年より17年前に出版された『道徳感情論』の構想に誇りを持っていた。この著作で彼は、人間行動における道徳・倫理的な影響を説明しようとした。その前提とするところは、「いかに人が利己的であったとしても、その人の中には何らかの原則が確かにある。だから他人の幸運に心を寄せ、ただ幸福な様子を見ることに喜びを感じる以外得るものは何もなくても、彼らの幸福は彼にとって必要なものなのだ」。これが「市場の見えざる心」だ。

本書の「はじめに」に書いたように、私たちが今インパクトと呼ぶものを測定できるとスミスが考えたなら、彼は2冊の本をまとめて1つの経済システムを説明し、市場の見えざる心が見えざる手を導くと書いたのではないだろうか。

『国富論』がもたらした新たな考え方によって、経済システムは重商主義（国家は貿易と金の蓄積により強化されるとする）からレッセ・フェール（国家の経済活動への介入は賢明ではないという考え方）へと移り、それは1930年代まで主流であったが、大恐慌の後、ジョン・メイナード・ケインズの「管理経済」という新たな考え方に道を譲る。これは公共支出、金利、税制を動かして、国家は完全雇用を維持する責任を担うというものである。

それから、ミルトン・フリードマンの新自由主義が１９８０年代に登場すると再びレッセ・フェールに逆戻りし、政府は企業に干渉しないように過剰なまでに注意を払うようになった。新自由主義は１９８０年代から２００８年の金融危機まで主流となった。その後出現した新しい考え方が、インパクトであり、企業は株主だけに責任を持つのではなく、広くすべてのステークホルダーに責務があることを認めるべきとする。

これが、新しいリスク・リターン・インパクトの考え方の歴史的立ち位置だ。インパクト経済では、自由市場は法規制、新たな行動規範によって動く。そして機会を広げ、不平等を減らし、地球保全を助けることで市場を活性化する。世界的にインパクト経済に移行すれば、リスク・リターン・インパクトに基づいてビジネスや投資の判断が下され、新たなグローバルシステム、すなわちインパクト資本主義が出来上がる。

利己的資本主義とインパクト資本主義を分かつ転換点は、インパクト加重会計の出現であろう。これは、事業のインパクトと財務業績の両方を同時に反映させるものだ。この転換点を過ぎたのちには、企業は繁栄のために誠実にインパクトに向かい合っていることを広く実証することが必要になってくるだろう。

私たち１人ひとりには何ができるだろう？　投資家、慈善家、起業家、ビジネス・リーダー、政府の重要な立場で働く者、社会部門に働く立場として、インパクト革命を大きなうねりにするにはどうすればいいだろう？　ニューヨーク州のレンセラー工科大学の科学者は、人口の10％があることを真実だと固く信じれば、いずれ大半の人がその信念に従うということを発見した。[*1]

10％の転換点そしてその先に達するために、私たちにできることは次のことだ。

投資家

規制の変更が金融の分野でとてつもなく大きな促進力になりうることは前述のとおりだ。アメリカは、規制を変えて財団や年金基金の理事がインパクト投資をできるようにして門戸を開いた。この最初のブレークスルーを広く模倣するべきだ。

年金基金が規制を変更し、年金加入者がＥＳＧやインパクト投資に参加できるようにすれば大きな影響が生まれる。これを私たちは次の目標とすべきだ。１つの選択肢は、世界中でフランスの「90／10」投資プログラムをコピーして、90％の資金はＥＳＧに、残り10％はインパクト投資に行くようにさせることだ。

１００の大手年金基金、財団の基本資産がすべての資産クラスでポートフォリオの10％をインパクト投資に割り当てたら、投資家にとっての転換点に達すると私は見ている。年金基金による投資は世界を変えると考える年金加入者が徐々に増えてきている。転換点に到達するのに、これは大きな助けになると思う。

慈善家

今まで見てきたように、インパクト投資は「助成金のみ」の財団モデルに対するよい意味での破壊をもたらし、インパクト慈善事業を先導している。財団の分野でリーダーに立つ人は、基本財産のポートフォリオにインパクトを割り当て、世界中のインパクト・ファンドに投資できるようにし、年間寄付プログラムの一部にアウトカムズ・ファンドを入れるべきだ。

転換点となるのは、世界中の主だった50の財団が、基本財産の10%をインパクト投資に投じ、寄付プログラムの10%をアウトカムズ・ファンドに寄付する配分方針を打ち出し、実施するようになったときだろう。

慈善家の支援を受けている社会サービス提供組織は、成長の伸びしろという点で課題を抱えている。ほとんどの組織は、大規模に事業を運営するようにできていない。しかし、インパクト投資の出現が実質的な変化に拍車をかけている。世界の非営利サービス提供事業者は、多額の資金調達も可能だという事実に適応しつつある。だが、成功するには、投資を受けるにふさわしい体制を整える必要があり、適切なスキルを持つ人材を採用しなければならない。そしてそれには、慈善家の支援が必要となる。

社会サービス提供組織は、起業家精神を持った革命の動力となるべきだ。もし組織のリーダーたちが可能な限り多くの人を助けたい、そのためにインパクト投資を呼び込みたいと考えるようになれば、社会事業に革命的な思想を持ち込むことになる。

転換点となるのは、主だった社会サービス提供組織１００社の支出のうち10％が成果に基づく契約で賄えるようになった時点だろう。

起業家

インパクト革命の主要な推進力となるのはミレニアル世代だろうが、世界の多くの場所で、彼らはまだ受け入れられたとは言い難い。私たちは、インパクト起業家の輪が広がるように支援し、10億ドルの企業価値を持ち、10億人の生活を改善する「インパクト・ユニコーン」という概念が人気を得るように支援していかなくてはならない。

インパクト起業家が転換点を迎えるのは、スタートアップ企業の10％が測定可能なインパクトをビジネス・モデルに組み込み、Ｂコープ認証を得るときだろう。

大企業

大企業がインパクト革命を主導すると期待してはならない。ＩＢＭのような大企業がＩＴ革命を主導しなかったのと同じことだ。ＩＢＭはコンピュータ市場で支配的な立場にあったが、新たな競争相手に追い抜かれそうになるまで、新たな機会の存在を認識せずにいた。大企業がこの革命に参加するとしたら、ステークホルダーからのプレッシャーだろう。消費者はプラスのインパクトを生み出す商品を選択する。株主と社員は、インパクト志向型企業になるようプレッシャーをかけるだろう。やがて、パーパス志向型企業が成長発展を遂げると、大企業は追い越されないために、追随せざるを得なくなる。

転換点が訪れるのは、フォーチュン・グローバル５００社のうち50社が財務業績に加えてインパクト業績を測定して、測定可能なインパクト目標を設定するときだろう。

政府

政府の転換点は、外注費と対外援助の10％が成果に基づく契約となり、外部の投資を呼び込み、政府支出の効率が改善されたときだろう。

今まで見てきたように、これらのステークホルダーのグループはすでに転換点に向かって動いている。今日では、インパクトが日常会話の中で大きく取り上げられるようになってきた。リスク・リターン・インパクト思考の転換点に向かうスピードが加速され、かなり早く進むだろう。今後5年以内に転換点に到達するかもしれない。国連のＳＤＧｓを２０３０年までに達成するには30兆ドル不足している。その穴埋めをするのはインパクト投資以外にはないと思う人が増えてきて、この見方はさらに強まっている。

ＳＤＧｓ達成のためのインパクト投資

第3章で見たように、すでに31兆ドルがＥＳＧとインパクト投資に配分されている。これは世界の投資資産の15％に相当する。

このＥＳＧ向け資金を実際にＳＤＧｓ達成に貢献させるには、それをインパクト投資に転換するのがベストだ。そのためには、問題や解決策への貢献が測定でき、それが企業間で比較可能でなくてはならない。今まで見てきたように、企業のインパクトを関連のＳＤＧｓに結びつけるインパクト加重会計は実現の途上にある。企業に対し、財務会計を通じてインパクトを測定・報告するように政府が要求する明確なシグナルが出れば、企業はインパクトとインパクト測定のためのデータを注意して見るようになる。そして、プラスのインパクトを作り出すようにさらに努力するようになるだろう。
第3章で見たように、世界の証券取引所における企業価値は75兆ドルである。[*2] もし2030年までにこの3分の1、つまり25兆ドル分の企業価値を持つ企業群がインパクト加重会計を報告したなら、もっとプラスのインパクトを出そうという努力が刺激される。この企業群は、積極的なSDGs貢献者ということになる。
債券市場は総額100兆ドルと見られているが、インパクト測定を導入すれば大きな効果を与えることになるだろう。皮切りとなるのはグリーン・ボンド（気候変動）だろう。今や、ブルー・ボンド（海洋）、教育ボンド、ソーシャルボンド、そしてジェンダー・ボンドが続いている。たとえば、ブリティッシュ・エイジアン・トラスト創設者のチャールズ皇太子、そのCEOを務めるリチャード・ホークスは1億ドルのジェンダー・ボンドを発行して南アジアにいる50万人の女性と女子児童がよりよい教育、職、起業の機会を持てるようにした。[*3]
グリーン・ボンドの市場規模は今日7500億ドル程度になっている。このグリーン・ボンドとインパクトを測定するパーパス志向の債券とが、今後10年の間に100兆ドル市場の10%を占めるようになれば、10兆ドルの資金がSDGsに貢献するプロジェクトを行う企業のもとに届くことになる。

もし、ソーシャル・インパクト・ボンド（ＳＩＢ）とデベロップメント・インパクト・ボンド（ＤＩＢ）が２０３０年までに、たとえ債券市場の１％にでもなれば、１兆ドルの追加になる。そして、最後に、ベンチャー・キャピタル、プライベート・エクイティ、不動産、インフラの5兆ドルの資金の3分の1がインパクトを測定し、管理するようになれば、それは1兆６５００万ドルとなる。両方合わせると、これら民間のアセット・クラスは2兆６５００万ドルとなりＳＤＧｓ達成に貢献することになる。

これらの数字をすべて足し合わせるとインパクト投資に40兆ドル以上が流入する計算になる。資本主義を動かすパラダイムシフトをもたらし、効果的に社会・環境問題と取り組むのに十分な金額だ。インパクト投資への資金がこのレベルまで伸びれば、リスク・リターン・インパクトは深くビジネスと投資の考え方に根を下ろすだろう。行動規範を変え、経済システムを変え、インパクト経済へと私たちを近づけることだろう。

時流にのった考え方

私たちのシステムを変えるには少なくとも10年はかかると思う。そして転換は段階的に進むだろう。はじめは、インパクト投資とインパクト測定。インパクト経済の発展を経て、グローバル規模の新たなインパクト資本主義が生まれる。

この転換の第一段階では、世界はリスク・リターン・インパクトの力を受け入れて、投資家と企業が喫緊の問題に解決案を見出すようにする。民間部門が作り出したダメージを無視すれば、その尻ぬぐいのために貴重な資源を使うことになると理解するようになる。逆に、その力をよい方向に活用すれば、社会進歩を加速させ、将来同じような面倒が起こるのを回避できるだろう。

さて、次のステップでは、民間部門がとてつもなく大きなプラスのインパクトを生み出すように努力させるために、政府は企業のパーパスに社会・環境インパクトを含めるようにさせる。並行して、政府調達には成果連動型アプローチを導入する。

第三のステップとして、政府は施策を打ち出し、リスク・リターン・インパクトに基づく運営を企業と投資家に要求する。不平等を減少させるには、必然的に政府による所得や富の再分配が必要となる。だが、それだけでは不十分だ。経済的・社会的な成果は、経済システムを通じてのみ再分配される。プラスの成果や機会をもっと社会全体に広く行き渡らせ、取り残された人々を助けるように、インパクトが経済を突き動かさなくてはならない。

実際のところ、現状の社会契約は賞味切れで、私たちはインパクト資本主義の形で新たなものを描こうとしているところだ。喫緊の解決策を生み出すのに、金融市場、起業家、大企業が一体となって作り出すパワーは、政府のパワーをはるかに凌ぐ。私たちはこのパワーを活用すべきだ。私たちは資本主義を再構築して、すべての人がさらなる繁栄と社会進歩を享受するように、何十億もの人々に経済的機会が行き渡るようにし、不平等を減らし、将来の世代のために地球を守らなければならない。

インパクト投資は、利益と同じくらい社会・環境インパクトの価値を大切にする世界を築くために、資本主義体制の再構築に必要な連鎖反応を引き起こす。そしてプラスのインパクトを作り出そうとしても、利益は犠牲にならないという確証を示す。それどころか、インパクトは収益率を高める一助となる。インパクトを強く意識する企業のほうが消費者に、有能な社員に、そして投資家にとってもっと魅力的だから、成功の確率がもっと高くなるということだ。

利己と利他のバランスがとれれば満足感が得られる。消費者、社員、起業家、投資家それぞれの立場でプラスのインパクトを作り出そうとする気持ちは、自分よりもはるかに大きく、刺激を与えてくれるものの一部になること――必要とする人を助け、地球を守ることから生まれる。

前に向かって進むだけの世界を想像してみよう。不平等は縮小する。天然資源は再生され、人は持てる能力を最大限発揮し、繁栄を分かち合って恩恵を得る。ダメージを最小限にとどめるだけでなく、何かよいことをしようと努力する世界。インパクトはすでに変化をもたらしている。投資家や企業は社会的な問題や環境の問題に意識を向けるようになっている。インパクト起業家はインパクト資本にアクセスを得るようになってきた。それを使って、彼らは生活改善のアイデアを大きな規模に育てる。政府は民間企業のイノベーションの利用価値に気づいた。慈善家は実現された成果に資金を出すようになってきた。

今は、声をあげ、選択してインパクトを与えるときだ。どのように働き、買い物をし、投資をするかといった選択から、政府にどのように働きかけるかまで。参加したり、しなかったりといった態度では実現しない。体系的な変化が必要だ。今は変化を加速させ、もっと多くを望むときだ。

今まさにインパクトのときがきた。今日の利己的資本主義に別れを告げ、利益一辺倒の考えを崩し、利益の隣にインパクトを並べて、しっかりとチェックを続けよう。そしてインパクト資本主義の新たな時代の到来を宣言しよう。何十億人もが苦しむ状況を終わらせ、地球の衰退にストップをかけるかどうかは、私たちが今すぐ行動するかどうかにかかっている。

意志あるところに道はある。今こそそれが必要とされている。そして、今まさに行動するときだ。

用語集

■Accelerator　スタートアップ・アクセラレータ

起業間もない成長志向の会社を教育、メンター指導、資金調達により支援する。

■Benefit Corporation　ベネフィット・コーポレーション

アメリカの法的形態で利益最大化の義務から企業を解放し、株主による訴訟などの法的行為を恐れずに、利益とともにインパクトを追求できる。いかなる犠牲を払っても経済的リターンを最大化しなければならないという従来の至上命題にとらわれることなく、ベネフィット・コーポレーションは、経済的リターンに加えて、社員、コミュニティ、環境に配慮しながら意思決定をすることができる。

■Blended Finance　ブレンド・ファイナンス

助成金（あるいは助成金に相当するツール）や官民による資金などを補完的に利用して、プロジェクトが財務的に実行・持続可能となるよう資金を供給すること。

■Angel Investor　エンジェル投資家

小規模なスタートアップ企業や起業家に資金を出す投資家。事業推進を助けるために1回限りの出資のことも、初期の厳しい時期を乗り越えられるように継続的に資金援助することもある。

■Development Finance Institution（DFI）　開発金融機関

専門化した開発銀行で、通常は国が支配株主。DFIは低・中所得国の民間プロジェクトに投資をして、雇用創出を推進し、経済成長を維持させることを目的とする。

■Development Impact Bond（DIB）　デベロップメント・インパクト・ボンド（D－B）

新興国向けのＳＩＢ。財団や支援組織が、政府の代わり、あるいは政府とともに、成果購入者となる。

■Dormant Accounts　休眠口座

銀行などの休眠口座で所有者が長年不明となっているもの。未請求資産とも呼ばれる。

■ESG

環境（Environment）、社会（Social）、ガバナンス（Governance）の頭文字を取って作られた言葉で、社会的意識の高い投資家が投資を選択するときに用いる基準。環境では、企業が自然環境の管理人としての役目を果たしているかどうかを評価する。社会のカテゴリーでは、企業が社員、サプライヤー、顧客、そして事業を運営するコミュニティとよい関係を保っているかを評価する。ガバナンスでは、企業のリーダーシップ、役員報酬、監査、内部管理、株主の権利を評価する。ＥＳＧの基準で選別された証券を購入したいと思う投資家は、社会や環境に責任ある投資を行うファンドに投資しても同じ効果が得られる。

■Fiduciary Duty　フィデューシャリー・デューティー（受託者責任）

フィデューシャリー・デューティーは法律用語で、一方が他方の利益のために行動する責任を負う二者間の関係をいう。受託者は委託者に対する法的義務を負い、両者の間で、利害相反がないように注意を徹底する必要がある。

■Fintech　フィンテック

新しい形の金融商品やサービスを提供するために金融セクターで利用されるテクノロジー。

■Government Commissioning　政府委託

政府調達の一部で社会的サービスの政府契約を指す。

■Government Procurement　政府調達

政府が民間企業あるいは社会サービス提供組織から物品やサービスを購入する契約をいう。

■Green Bond　グリーン・ボンド

個人を含む多数の貸し手が、1つあるいは複数の環境関連のプロジェクトに資金を供給する目的で投資をする債券。仕組みは通常の債券と変わらない。グリーン・ボンドに追随して、ブルー・ボンド（海洋）、教育ボンド、ソーシャルボンド、ジェンダー・ボンドなどが出てきている。

■High Net Worth Individuals（HNWI）　富裕層

金融サービス業で使われる分類で一定額以上の資産を有する個人あるいは家族を総称する。

■Impact Capitalism　インパクト資本主義

利益のみならず、利益とインパクトの両方を追求して、体系的に社会と環境の改善をもたらす経済システム。このシステムはインパクト経済をもたらし、システムに肯定的な法規制と広く受け入れられたインパクト測定基準によって、自由市場がプラスのインパクトを作り出すようにする。今日の「利己的な資本主義」と対照的に、インパクト資本主義は市場に力を与えて、機会を広め、不平等を減らし、地球保全に役立つようにする。

■Impact Capital Wholesalers　インパクト資本ホールセラー

人と地球に測定可能なインパクトを生み出すことに専念する。多額の資金をプールして、インパクト・ファンド、仲介業者、社会的起業家に資金を供与する。未請求資産を利用する場合もある。インパクト投資資金を求める人が資金調達できないときに投資をして、インパクト投資市場の発展に寄与する。

■Impact Economy　インパクト経済
インパクト経済では、社会・環境へのインパクトの測定が経済活動のすべてに組み込まれ、政府・企業・投資・消費の意思決定の中核をなす。

■Impact Investment　インパクト投資
経済的リターンとともに、社会的・環境的なプラスの成果を達成することを強く意図する投資。インパクト投資は2つの点でＥＳＧ投資に勝る。第一に、たんにマイナスのインパクトを回避するのみならず、プラスのインパクトを生み出す点。第二に、生み出したインパクトを測定する点。

■Impact Investment Ecosystem　インパクト投資エコシステム
インパクト投資エコシステムは5つの要素からなる。インパクト資本の供給者、仲介者、社会セクター組織やパーパス志向型企業からのインパクト資本需要、政策や規制、インパクト資本ホールセラー、社会的投資銀行、それとコンサルティング会社や会計事務所などのインパクト市場を促進させる人たちだ。このエコシステムは、社会的・環境的にプラスのインパクトを生み出すすべてのプレーヤーたちが相互に働きあうようにする。

■Impact Measurement　インパクト測定
社会的・環境的成果を最大化するためにインパクトを測定する。

■Impact-Weighted Accounts　インパクト加重会計

製品、社員、事業運営を通して企業が生み出す財務業績および人と地球に対するインパクトを反映した財務諸表（損益計算書、貸借対照表）。

■Incubator　インキュベータ

新たなスタートアップ企業の事業育成を手伝うために設計された協力プログラム。インキュベータは、スタートアップがよく直面する問題を解決する手助けをする。オフィススペースの提供、シード資金提供、メンター指導、トレーニングなどがよく行われる。

■Institutional Investors　機関投資家

顧客のために投資をする組織。たとえば年金基金や保険会社など。

■Intermediary　仲介業者

（ファンドのような）組織で、インパクト投資家から資金を調達して、その資金をパーパス志向型企業や慈善事業組織に投資する。仲介業者は（インパクト投資アドバイザーやブローカーのように）実際に資金を扱うことなく、投資のアレンジをし、アドバイスをするだけのこともある。

■Mission-Related Investment（MRI）　ミッション関連投資

ＭＲＩはＰＲＩと対比される投資。非営利法人の活動原資となる収入をもたらす投資運用資金である基本財産の95％によって行われる。残り５％は助成金として毎年支払われる。ＭＲＩは社会的・環境的リターンと同時に経済的リターンも追求する。

■Outcome-based Contract　成果に基づく契約

成功報酬型契約で、公的慈善サービスを提供する会社が、達成した成果によって報酬を得る。成果に基づく契約は、特定された成果が達成されたときにだけ支払いを行うことで、サービス提供の生産性改善を求める。

■Outcomes Fund　アウトカムズ・ファンド

SIB／DIBやその他の契約で達成された成果に応じて支払いを行う慈善基金。政府が設定して管理する場合も、独立のアウトカムズ・ファンド運用者が行う場合もある。アウトカムズ・ファンドに資金を出すのは、政府、援助団体、慈善財団、あるいはこれら3者の組み合わせのこともある。

■Pay-for-Outcomes　成果連動型契約

公的あるいは慈善サービスを提供する組織が成果を達成した場合に支払いを行う契約。成功報酬型契約とも。SIBやDIBなどでよく使われる。

■Principles for Responsible Investment (PRI)　責任投資原則

国連が規定した、環境・社会・ガバナンス（ESG）関連の責任ある投資のグローバルな標準を表す6つの原則。受益者へのコミットメントを満足するために、これらの原則に従い、広く社会の利益にかなう投資活動を行う。

■Program-Related Investment (PRI)　プログラム関連投資

財団が慈善活動のために行う投資で、配当などの利益を求めるもの。プログラム関連投資には、融資、融資保証、リンク預金口座（必要なときにNOW口座や当座預金口座に預金を動かせる定期預金）、SIB／DIB、さらには慈善事業組織やパーパス志向型企業への株式投資などがある。慈善事業への貢献度が高く、金融リスクのレベルも高いことから、アメリカの法規制では、助成金に分類され、毎年寄付によって払い出す基本財産の5％に計上される。

■Public-Private Partnerships　官民パートナーシップ

政府機関と民間企業の間で結ばれるパートナーシップ。公的交通機関網、公園、コンベンション・センターなどのプロジェクトへの資金供与・構築・運営に利用される。ＳＩＢやＤＩＢは官民パートナーシップの好例である。この場合、政府は達成された成果に対して支払いを行い、民間投資家は元本の資金を提供する。

■Retail Investors　個人投資家

プロの投資家ではなく、通常の証券会社あるいはネット証券を通じて証券を売買する個人。

■Social Impact Bond（SIB）　ソーシャル・インパクト・ボンド（ＳＩＢ）

ＳＩＢは、アメリカではＰＦＳ（成果連動型民間委託契約）、オーストラリアではＳＢＢ（ソーシャル・ベネフィット・ボンド）、フランスではＳＩＣ（ソーシャル・インパクト・コントラクト）として知られる。ボンドと呼ばれるが、通常の債券とは異なる。成果購入者と、社会・環境にかかわる成果を達成しようとするサービス提供組織との間で締結される成果に基づく契約である。その契約が締結されたあと、投資家はサービス提供組織に資金を提供する。もし結果が契約で設定された目標に到達しなければ、投資家は投資したお金を失い、結果的に慈善寄付を行ったと同様になる。反対に、もし目標が達成されれば、投資家は投資資金を回収し、達成された成果に応じたリターンを得ることができる。

■Solidarity Fund　連帯基金

従業員50人以上の企業は、通常の貯蓄プランに加えて、連帯基金を社員が選択できるようにする義務がある。この基金は、資産の５～10％を適格な非上場社会企業に配分し、残りはＥＳＧに投資する。

■Sustainable Development Goals (SDGs)　持続可能な開発目標

公正で持続可能な将来を構築して世界をよりよくしようと２０１５年に国連総会で採択されたもの。２０３０年までに17の分野で一定の目標を達成することを目指している。貧困をなくそう、飢餓をゼロに、安全な水とトイレを世界中に、エネルギーをみんなにそしてクリーンに、質の高い教育をみんなになどの目標、そして環境の保護、人権の保護などを目指している。

■Unclaimed Assets　未請求資産

長い期間所有者が不明となっているお金、投資、あるいは保険などの資産を指す。休眠口座とも。

■Venture Capital　ベンチャー・キャピタル

設立から日の浅い高成長企業の創業資金と成長資金を提供する投資。

出典：Catalysing an Impact Investment Ecosystem: A Policymaker's Toolkit
(https://gsgii.org/reports/catalysing-an-impact-investment-ecosystem-a-policymakers-toolkit/)

21. http://villageenterprise.org/our-impact/development-impact-bond/
22. https://www.devex.com/news/new-dib-brings-in-big-donors-provides-biggest-test-of-model-to-date-91137
23. https://www.bridgesfundmanagement.com/village-enterprise-closes-investment-for-first-development-impact-bond-for-poverty-alleviation-in-sub-saharan-africa/
24. https://www.civilsociety.co.uk/news/government-takes-next-steps-in-releasing-billions-of-pounds-in-dormant-assets.html
25. https://bigsocietycapital.com/impact-stories/
26. http://gsgii.org/wp-content/uploads/2018/10/GSG-Paper-2018-Wholesalers.pdf
27. https://www.reuters.com/article/us-japan-economy-impact-investment/japan-urged-to-tap-dormant-bank-accounts-to-promote-impact-investment-idUSKCN1G316H
28. http://gsgii.org/wp-content/uploads/2018/10/GSG-Paper-2018-Policy.pdf
29. https://www.gov.ie/en/publication/f24ad0-dormant-accounts-action-plan-2019/
30. https://impactinvesting.marsdd.com/unclaimed-assets/
31. https://nextcity.org/daily/entry/sba-program-seeks-to-change-venture-capital, https://independentsector.org/news-post/the-federal-government-and-impact-investing/
32. https://www.willistowerswatson.com/en-CA/insights/2019/02/global-pension-assets-study-2019
33. https://www.bigsocietycapital.com/what-we-do/current-projects/social-investment-tax-relief/get-sitr#SITR-case-studies
34. 投資期間と種類による。https://www.taxpolicycenter.org/briefing-book/what-are-opportunity-zones-and-how-do-they-work
35. 税優遇を受けるには 5 年以上保有しなければならない。https://finansol.org/en/how-to-become-a-solidarity-based-saver-or-investor.php
36. http://gsgii.org/wp-content/uploads/2018/10/GSG-Paper-2018-Policy.pdf
37. https://www.finansol.org/_dwl/social-finance.pdf
38. 概算値［https://www.poundsterlinglive.com/bank-of-england-spot/historical-spot-exchange-rates/gbp/GBP-to-USD-1981］
39. 概算値［https://fxtop.com/en/historical-currency-converter.php?］
40. https://access-socialinvestment.org.uk/us/the-story-so-far/, https://www.socialventures.com.au/sva-quarterly/how-government-can-grow-social-impact-investing/
41. http://koreabizwire.com/govt-to-boost-policy-support-for-social-impact-investments/116052
42. http://gsgii.org/wp-content/uploads/2018/10/GSG-Paper-2018-Policy.pdf
43. https://docs.jobs.gov.au/system/files/doc/other/sedifevaluation.pdf
44. http://impactstrategist.com/case-studies/social-enterprise-development-investment-funds/
45. http://gsgii.org/wp-content/uploads/2018/10/GSG-Paper-2018-Policy.pdf
46. https://ssir.org/articles/entry/french_law_revisits_corporate_purpose
47. http://gsgii.org/wp-content/uploads/2018/10/GSG-Paper-2018-Policy.pdf
48. https://www.devex.com/news/opinion-the-impact-imperative-for-sustainable-development-finance-94142
49. https://www.responsible-investor.com/home/article/pay_for_success_the_latest_thinking_on_social_impact_bonds/

第 7 章

1. https://news.rpi.edu/luwakkey/2902
2. Securities Industry and Financial Markets Association（SIFMA）による。
3. https://www.bloomberg.com/news/articles/2019-02-05/british-prince-meets-bond-markets-for-women-empowerment-in-asia

77. https://www.saildrone.com/
78. https://www.gatesfoundation.org/How-We-Work
79. https://sif.gatesfoundation.org/what-we-do/　このファンドからの投資は、「プログラム関連投資」として行われている。プログラム関連投資とは、民間財団による慈善行為を規定するアメリカ内国歳入法典（IRC）が定義する用語である。
80. http://www.investwithimpact.co/principal-venture-capital-bill-melinda-gates-foundation/
81. https://sif.gatesfoundation.org/impact-stories/empowering-women-strengthening-families/
82. https://beyondtradeoffs.economist.com/improving-lives-innovative-investments
83. http://www.investwithimpact.co/principal-venture-capital-bill-melinda-gates-foundation/
84. CZI 創設時の夫妻の資産は、450 億ドルだった。https://www.businessinsider.com/mark-zuckerberg-giving-away-99-of-his-facebook-shares-2015-12
85. https://www.facebook.com/notes/mark-zuckerberg/a-letter-to-our-daughter/10153375081581634/
86. https://www.macfound.org/press/press-releases/150-million-catalytic-capital-help-address-critical-social-challenges/
87. https://www.forbes.com/sites/kerryadolan/2019/04/16/questioning-big-philanthropy-at-the-skoll-world-forum-is-it-too-powerful-and-out-of-touch/#375764b76253
88. https://www.bertelsmannstiftung.de/fileadmin/files/user_upload/Market_Report_SII_in_Germany_2016.pdf
89. https://www.socialfinance-org-uk/resources/publications/portuguese-social-investment-taskforce-blueprint-portugal%22%80%99s-emerging-social

第 6 章

1. https://digitalcommons.pepperdine.edu/cgi/viewcontent.cgi?article=2448&context=plr
2. https://www.thebhc.org/sites/default/files/beh/BEHprint/v023n2/p0001-p0026.pdf
3. 'Catalysing an Impact Investment Ecosystem'
4. https://www.equalityhumanrights.com/en/advice-and-guidance/reporting-requirements-uk, https://www.theguardian.com/sustainable-business/eu-reform-listed-companies-report-environmental-social-impact, https://carboncredentials.com/the-uk-transposition-of-the-non-financial-reporting-directive/
5. https://www.globalelr.com/2019/04/eu-issues-new-sustainable-investment-disclosure-rules/
6. Ibid.
7. https://www.gov.uk/government/publications/social-impact-bonds-unit-cost-data
8. http://gsgii.org/wp-content/uploads/2018/10/GSG-Paper-2018-Policy.pdf
9. https://onevalue.gov.pt/?parent_id=25
10. http://www.globalvaluexchange.org/news/b07bcb501c
11. https://group.bnpparibas/en/news/social-impact-contracts-bnp-paribas-invests-social-innovation
12. http://gsgii.org/wp-content/uploads/2018/10/GSG-Paper-2018-Policy.pdf
13. Ibid.
14. https://www.socialventures.com.au/sva-quarterly/how-government-can-grow-social-impact-investing/
15. https://commonslibrary.parliament.uk/research-briefings/cbp-7585/
16. 'Bridges Fund Management – Social Outcomes Contracts: An Overview', 2019
17. https://www.csis.org/analysis/leveraging-impact-investment-global-development
18. https://www.gouvernement.fr/sites/default/files/locale/piece-jointe/2019/07/g7_financing_for_sustainable_development_declaration_cle0973b7.pdf
19. http://www.theimpactprogramme.org.uk/
20. https://www.cdcgroup.com/en/our-approach/our-approach-to-investing/our-investment-solutions/catalyst-strategies/

41. https://www.rockefellerfoundation.org/our-work/initiatives/innovative-finance/
42. https://obamawhitehouse.archives.gov/blog/2016/04/21/steps-catalyze-private-foundation-impact-investing
43. http://www.legislation.gov.uk/ukpga/2016/4/section/15/enacted
44. https://www.appositecapital.com/mission/
45. https://www.gsttcharity.org.uk/who-we-are/our-finances/how-we-are-financed/our-endowment, https://www.gsttcharity.org.uk/what-we-do/our-strategy/other-assets/property-and-estates
46. ミッション関連投資（MRI）とは、慈善事業の目標を達成するツールとして、財団が投資を活用することを指す。
47. http://www.fordfoundation.org/ideas/equals-change-blog/posts/unleashing-the-power-of-endowments-the-next-great-challenge-for-philanthropy/
48. https://nonprofitquarterly.org/can-ford-foundations-1-billion-impact-investing-commitment-alter-field/
49. https://www.fordfoundation.org/ideas/equals-change-blog/posts/unleashing-the-power-of-endowments-the-next-great-challenge-for-philanthropy/
50. https://efc.umd.edu/assets/m2e/pri_final_report_8-05-13.pdf
51. https://www.fastcompany.com/40525515/how-the-ford-foundation-is-investing-in-change
52. Ibid.
53. https://ssir.org/articles/entry/eight_myths_of_us_philanthropy, http://data.foundationcenter.org/#/foundations/all/nationwide/top:assets/list/2015
54. https://www.fastcompany.com/40525515/how-the-ford-foundation-is-investing-in-change
55. https://www.packard.org/wp-content/uploads/2015/10/Packard_MIR_2015OCT51.pdf
56. https://mcconnellfoundation.ca/impact-investing/
57. https://mustardseedmaze.vc/
58. https://knowledge.wharton.upenn.edu/article/from-backstreet-to-wall-st-ep-09/
59. http://www.blueorchard.com/sasakawa-peace-foundation-invest-blueorchards-flagship-fund/
60. https://www.forbes.com/sites/annefield/2015/02/26/f-b-heron-foundation-is-going-all-in/#6d2f79386d2f
61. https://www.forbes.com/sites/annefield/2017/03/30/mission-accomplished-how-the-heron-foundation-went-all-in/#405717a04d17
62. Ibid.
63. https://nonprofitquarterly.org/nathan-cummings-no-longer-just-experimenting-impact-investing/
64. https://www.top1000funds.com/2019/05/foundations-should-invest-for-impact/
65. https://www.forbes.com/sites/laurengensler/2015/11/06/lisa-charly-kleissner-kl-felicitas-impact-investing/#3fa5c38138e7
66. https://toniic.com/t100-powered-ascent-report/
67. Ibid.
68. http://www.toniic.com/100-impact-network/
69. https://www.bridgespan.org/insights/library/remarkable-givers/profiles/pierre-omidyar/don%e2%80%99t-start-a-foundation-pierre-omidyar-ignores-e
70. Ibid.
71. Ibid.
72. https://www.omidyar.com/financials　オミダイア・ネットワークの創設以来、営利事業に 7 億 1300 万ドル、非営利の助成金に 8 億 2200 万ドル、合計 15.3 億ドル以上が拠出された。
73. https://www.bridgespan.org/insights/blog/give-smart/impact-investing-ebay-founder-pierre-omidyar
74. http://skoll.org/about/about-skoll/
75. Ibid.
76. https://thegiin.org/research/spotlight/investor-spotlight-capricorn-investment-group

social-outcomes-fund-at-extended-hard-cap-of-35m/
11. https://www.bridgesfundmanagement.com/outcomes-contracts/
12. Ibid.
13. ブリティッシュ・メディカル・ジャーナル誌に掲載されたニューカッスル大学の評価によれば幸福感も改善した。ニューカッスル・ゲーツヘッド・クリニカル・コミッショニング・グループによれば、医療費も削減された。
14. https://golab.bsg.ox.ac.uk/knowledge-bank/project-database/fair-chance-fund-west-yorkshire-fusion-housing/
15. https://www.youtube.com/watch?v=sJ-OfYW0hs&feature=youtu.be
16. https://www.kirkleesbetteroutcomespartnership.org/
17. https://impactalpha.com/prudential-kresge-and-steve-ballmer-back-maycomb-capitals-pay-for-success-fund/
18. https://www.livingcities.org/blog/1203-how-massachusetts-s-new-pfs-project-will-help-make-the-american-dream-a-reality
19. https://www.nytimes.com/2007/02/27/education/27esl.html, https://socialfinance.org/wp-content/uploads/MAPathways_FactSheet.pdf
20. https://thewell.worlded.org/the-massachusetts-pathways-to-economic-advancement-pay-for-success-project/
21. Social Finance US.
22. https://thewell.worlded.org/the-massachusetts-pathways-to-economic-advancement-pay-for-success-project/
23. Ibid.
24. ブルッキングス研究所の Global Impact Bond Database（2020年1月16日発表）より。
25. http://govinnovator.com/emily_gustaffson_wright/
26. https://www.un.org/press/en/2019/dsgsm1340.doc.htm
27. http://instiglio.org/educategirlsdib/wp-content/uploads/2015/09/Educate-Girls-DIB-Sept-2015.pdf
28. http://www.instiglio.org/en/girls-education-india/
29. https://www.brookings.edu/blog/education-plus-development/2018/07/13/worlds-first-development-impact-bond-for-education-shows-successful-achievement-of-outcomes-in-its-final-year/
30. http://instiglio.org/educategirlsdib/wp-content/uploads/2018/07/Educate-Girls-DIB_results_brochure_final-2.pdf
31. Ibid.
32. https://www.brookings.edu/wp-content/uploads/2019/01/Global-Impact-Bonds-Snapshot-March-2020.pdf
33. https://www.brookings.edu/research/impact-bonds-in-developing-countries-early-learnings-from-the-field/
34. https://www.devex.com/news/icrc-launches-world-s-first-humanitarian-impact-bond-90981
35. *The Learning Generation: Investing in education for a changing world,* The Education Commission, 2017.
36. https://www.livemint.com/Education/XRdJDgsAbwnSA H8USzyCWM/11-million-development-impact-bonds-launched-to-improve-edu.html, https://www.brookings.edu/blog/education-plus-development/2018/09/25/a-landmark-month-for-impact-bonds-in-education/, https://indiaincgroup.com/prince-charles-backs-new-education-bond-india/, https://www.britishasiantrust.org/our-impact/innovative-finance
37. https://www.socialfinance.org.uk/projects/liberia
38. Ibid.
39. 彼らの著書 Get*ting Beyond Better: How Social Entrepreneurship Works* より。
40. https://www.fordfoundation.org/ideas/equals-change-blog/posts/unleashing-the-power-of-endowments-the-next-great-challenge-for-philanthropy/

ムバーグのデータベースより。ロイヤル・ダッチ・シェルとBPの温室効果ガス排出量と水使用量はブルームバーグとトムソン・ロイターのデータベースより。
125. 環境費用の計算は以下を参照。George Serafeim, DG Park, David Freiberg, T. Robert Zochowski "Corporate Environmental Impact: Measurement, Data and Information" Harvard Business School Working Paper, Forthcoming March 2020. ダイムラーの温室効果ガス排出量はトムソン・ロイターより。GMの温室効果ガス排出量はブルームバーグとトムソン・ロイターより。フォードの温室効果ガス排出量はブルームバーグとトムソン・ロイターより。ダイムラーとGMとフォードの年間乗用車販売台数はWorldscopeより。
126. 環境費用の計算は以下を参照。George Serafeim, DG Park, David Freiberg, T. Robert Zochowski "Corporate Environmental Impact: Measurement, Data and Information" Harvard Business School Working Paper, Forthcoming March 2020. フォード車の燃費、排出ガス量、販売台数は以下を参照。"SASB Index 2018/19". Ford. Web. https://corporate.ford.com/microsites/sustainability-report-2018-19/assets/files/sr18-sasb.pdf. For annual mileage: Based on industry assumptions from the US Department of Transportation's Federal Highway Administration. https://www.fhwa.dot.gov/ohim/onh00/bar8.htm
127. "General Mills marks 10 years of health improvements". General Mills News Releases. 2015 Feb 19. Web. https://www.generalmills.com/en/News/NewsReleases/Library/2015/February/health-metric
128. ゼネラル・ミルズの2018年度Form 10-K。
129. US Dietary Guidelines
130. Dariush Mozaffarian et al. "Trans Fatty Acids and Cardiovascular Disease". *The New England Journal of Medicine.* 2006 April 13. Web. https://www-nejm-org.ezp-prod1.hul.harvard.edu/doi/full/10.1056/NEJMra054035?url_ver=Z39.88-2003&rfr_id=ori%3Arid%3Acrossref.org&rfr_dat=cr_pub%3Dpubmed
131. https://www.ft.com/content/3f1d44d9-094f-4700-989f-616e27c89599
132. https://www.goodreads.com/quotes/43237-it-s-only-whenthe-tide-goes-out-that-you-learn

第5章

1. https://www.bridgespan.org/bridgespan/images/articles/how-nonprofits-get-really-big/How-Nonprofits-Get-Really-Big.pdf?ext=.pdf
2. http://www.nonprofitfinancefund.org/sites/default/files/nff/docs/2015-survey-brochure.pdf
3. http://www.urban.org/sites/default/files/publication/43036/411404-Building-a-Common-Outcome-Framework-To-Measure-Nonprofit-Performance.PDF
4. https://www.gov.uk/government/uploads/system/uploads/attachment_data/file/486512/social-impact-bond-pilot-peterborough-report.pdf
5. https://metro.co.uk/2017/08/10/what-happens-when-you-finally-get-released-from-jail-one-former-prisoner-explains-6831114/, https://www.nacro.org.uk/resettlement-advice-service/support-for-individuals/advice-prisoners-people-licence-sex-offenders-mappa/advice-for-prisoners/
6. 最終的にピーターバラSIBは7.5%以上の再犯率減少を記録した。イギリス政府は服役者の介入群と対照群を各1000人設定し、5年間の調査を実施した。政府は保護観察制度の改革によって再犯率と刑務所運営費用の双方が削減できると結論づけ、SIBを中断し、サービス提供量で支払う外注契約に変えた。
7. https://www.brookings.edu/wp-content/uploads/2019/01/Global-Impact-Bonds-Snapshot-March-2020.pdf
8. https://www.brookings.edu/wp-content/uploads/2019/01/Global-Impact-Bonds-Snapshot-March-2020.pdf
9. https://www.brookings.edu/wp-content/uploads/2019/01/Global-Impact-Bonds-Snapshot-March-2020.pdf
10. https://www.bridgesfundmanagement.com/uks-first-social-impact-bond-fund-achieves-final-close-25m/, https://www.bridgesfundmanagement.com/bridges-closes-second-

96. Ibid.
97. Ibid.
98. Ibid.
99. https://www.engadget.com/2019/04/17/adidas-futurecraft-loop-recycled-running-shoes-sustainability-speedfactory/
100. http://highlights.ikea.com/2018/facts-and-figures/home/index.html
101. https://www.ikea.com/us/en/about_ikea/newsitem/022615_pr_making-solid-wood
102. https://www.reuters.com/article/us-ikea-sustainability/ikea-to-use-only-renewable-and-recycled-materials-by-2030-idUSKCN1J31CD
103. https://www.youtube.com/watch?v=rRXNRq5P9O0
104. https://www.ikea.com/ms/en_US/pdf/people_planet_positive/IKEA_Sustainability_Strategy_People_Planet_Positive_v3.pdf
105. https://news.theceomagazine.com/news/ikea-new-benchmark-renewable-furniture/
106. https://www.ikea.com/ms/en_US/pdf/people_planet_positive/IKEA_Sustainability_Strategy_People_Planet_Positive_v3.pdf
107. https://ftalphaville.ft.com/2019/02/20/1550638802000/Dis-assembling-IKEA-/
108. https://www.epa.gov/facts-and-figures-about-materials-waste-and-recycling/durable-goods-product-specific-data#FurnitureandFurnishings
109. https://www.bluebulbprojects.com/measureofthings/results.php?amt=9690000&comp=weight&unit=tns&searchTerm=9690000+tons
110. https://news.globallandscapesforum.org/32098/ikea-assembles-plan-to-reduce-emissions-in-the-atmosphere-by-2030/
111. Ibid.
112. https://www.ft.com/content/da461f24-261c-11e9-8ce6-5db4543da632
113. Ibid.
114. Ibid.
115. Ibid.
116. https://www.dwell.com/article/ikea-gunrid-air-purifying-curtains-81cf8714
117. https://www.ikea.com/ms/en_AU/this-is-ikea/people-and-planet/sustainable-life-at-home/index.html
118. http://highlights.ikea.com/2017/circular-economy/index.html
119. https://www.fastcompany.com/90236539/ikea-is-quickly-shifting-to-a-zero-emissions-delivery-fleet
120. https://www.consciouscapitalism.org/heroes/b-lab-founders
121. http://b-analytics.net/content/company-ratings
122. George Serafeim, DG Park, David Freiberg, T. Robert Zochowski "Corporate Environmental Impact: Measurement, Data and Information" Harvard Business School Working Paper, Forthcoming March 2020.　すべての排出量データはブルームバーグとトムソン・ロイターから取得したもので、どちらかの会社のデータが見つからなかった場合には Exiobase のデータを利用した。排出量のデータは EPS 法 (Steen, "Monetary Valuation of Environmental Impacts" CRC Press, 2019) を用いて貨幣価値に換算された。EPS のデータは公開されている。
123. 環境費用の計算は以下を参照。George Serafeim, DG Park, David Freiberg, T. Robert Zochowski "Corporate Environmental Impact: Measurement, Data and Information" Harvard Business School Working Paper, Forthcoming March 2020. ペプシコの水使用量はブルームバーグとトムソン・ロイターのデータベースより。水の価格は Waterfund LLC. より。コカ・コーラの水使用量は以下を参照。P.62 of Coca-Cola's 2018 Sustainability Report. Web: https://www.coca-colacompany.com/content/dam/journey/us/en/policies/pdf/safety-health/coca-cola-business-and-sustainability-report-2018.pdf
124. 環境費用の計算は以下を参照。George Serafeim, DG Park, David Freiberg, T. Robert Zochowski "Corporate Environmental Impact: Measurement, Data and Information" Harvard Business School Working Paper, Forthcoming March 2020. エクソンの温室効果ガス排出量と水使用量はブルー

economy%20in%20food.ashx
60. http://iar2017.danone.com/vision-and-ambition/contribution-to-the-uns-sdgs/
61. https://www.danone.com/impact/planet/towards-carbon-neutrality.html
62. https://www.mckinsey.com/business-functions/sustainability/our-insights/toward-a-circular-economy-in-food
63. https://www.wsj.com/articles/danones-deputy-ceo-faber-to-become-chief-executive-1409677620
64. https://www.youtube.com/watch?v=PhuEtyH6SK4
65. https://www.fastcompany.com/3068681/how-chobani-founder-hamdi-ulukaya-is-winning-americas-culture-war
66. Ibid.
67. Ibid.
68. Ibid.
69. Ibid.
70. https://www.ted.com/talks/hamdi_ulukaya_the_anti_ceo_playbook/transcript?language=en
71. Ibid.
72. https://money.cnn.com/2016/01/20/news/refugees-business-davos-opinion/index.html
73. https://www.fastcompany.com/3068681/how-chobani-founder-hamdi-ulukaya-is-winning-americas-culture-war
74. https://www.nytimes.com/2018/08/24/business/hamdi-ulukaya-chobani-corner-office.html
75. https://www.nytimes.com/2011/02/17/business/media/17adco.html
76. https://www.nytimes.com/2018/08/24/business/hamdi-ulukaya-chobani-corner-office.html
77. Ibid.
78. https://assets.ctfassets.net/3s6ohrza3ily/5Bry9RmMqnd4dF0Yxr8Vy/bbc8cc7867a831c569b355169325354e/COMP_2019_Sustainability_Project_v17.pdf
79. Ibid.
80. Ibid.
81. https://www.evesun.com/progress_folder/2019/pdf/progress9.pdf
82. Ibid.
83. https://www.nytimes.com/2016/04/27/business/a-windfall-for-chobani-employees-stakes-in-the-company.html
84. https://www.forbes.com/sites/simonmainwaring/2018/08/27/how-chobani-builds-a-purposeful-culture-around-social-impact/#19e09b6e20f7
85. https://www.inc.com/christine-lagorio/chobani-founder-hamdi-ulukaya-founders-project.html
86. https://www.nationalgeographic.com/news/2017/07/plastic-produced-recycling-waste-ocean-trash-debris-environment/
87. Ibid.
88. http://www3.weforum.org/docs/WEF_The_New_Plastics_Economy.pdf
89. https://www.adidas-group.com/media/filer_public/8e/f1/8ef142c7-ac01-4cb3-b375-875106168555/2019_adidas_x_parley_qa_en.pdf
90. https://www.cnbc.com/2018/03/14/adidas-sold-1-million-shoes-made-out-of-ocean-plastic-in-2017.html
91. https://www.racked.com/2018/3/15/17124138/adidas-recycled-plastic-parley
92. https://qz.com/quartzy/1598089/adidass-futurecraft-loop-is-a-zero-waste-sustainable-sneaker
93. https://www.engadget.com/2019/04/17/adidas-futurecraft-loop-recycled-running-shoes-sustainability-speedfactory/
94. https://www.fastcompany.com/90335038/exclusive-adidass-radical-new-shoe-could-change-how-the-world-buys-sneakers
95. Ibid.

26. https://globenewswire.com/news-release/2016/05/31/844530/0/en/Bio-Based-Polyethylene-Terephthalate-PET-Market-size-over-13-Billion-by-2023-Global-Market-Insights-Inc.html
27. https://www.accenture.com/t20181205T121039Z__w__/us-en/_acnmedia/Thought-Leadership-Assets/PDF/Accenture-CompetitiveAgility-GCPR-POV.pdf#zoom=50
28. https://www.forbes.com/sites/andersonantunes/2014/12/16/brazils-natura-the-largest-cosmetics-maker-in-latin-america-becomes-a-b-corp/#7d0114c125a2
29. http://www.conecomm.com/research-blog/2016-millennial-employee-engagement-study
30. Ibid., http://millennialemployeeengagement.com/Methodology　2016 年のコーン・コミュニケーションズによるミレニアル社員のエンゲージメント研究は 2016 年 4 月 11 日から 20 日にかけてインターネット調査サイト「トルーナ」を通じて行われた。調査対象者は、1000 人以上の企業に雇用されている 20 歳以上の成人男女 510 人ずつ、計 1020 人が無作為抽出された。許容誤差は± 3%で信頼係数は 95% である。
31. https://hbr.org/2011/01/the-big-idea-creating-shared-value
32. https://www.sharedvalue.org/about-shared-value
33. https://www.huffpost.com/entry/the-big-idea-creating-sha_b_815696
34. https://money.cnn.com/magazines/fortune/fortune_archive/2007/02/19/8400261/index.htm
35. Ibid.
36. Laura Michelini, 'Social Innovation and New Business Models: Creating Shared Value in Low-Income Markets', Print, 2012, p.71
37. https://www.bloomberg.com/news/articles/2008-04-28/danone-innovates-to-help-feed-the-poorbusinessweek-business-news-stock-market-and-financial-advice
38. http://content.time.com/time/magazine/article/0,9171,2010077,00.html
39. Ibid.
40. Carol Matlack, 'Danone Innovates to Help Feed the Poor', BusinessWeek Online, 23 April 2008,http://search.ebscohost.com.ezp-prod1.hul.harvard.edu/login.aspx?direct=true&db=heh&AN=31863578&site=ehost-live&scope=site
41. http://content.time.com/time/magazine/article/0,9171,2010077,00.html
42. http://www.danonecommunities.com/index.php/portfolio_page/grameen-damone-food-limited/
43. https://www.ncbi.nlm.nih.gov/pmc/articles/PMC3671231/　2008 年から 2011 年にかけてジョンズ・ホプキンス大学公衆衛生学大学院が行った研究による。
44. http://content.time.com/time/magazine/article/0,9171,2010077,00.html
45. http://www.danonecommunities.com/
46. http://www.danonecommunities.com/index.php/alleviate-poverty-fr/
47. http://www.livelihoods.eu/es/about-us/
48. Ibid.
49. Ibid.
50. https://vimeo.com/36737411
51. Ibid.
52. Ibid.
53. https://www.fastcompany.com/40557647/this-food-giant-is-now-the-largest-b-corp-in-the-world
54. http://www.wealthandgiving.org/perspectives/2019/2/27/seeking-impact-five-years-on
55. http://www.danone.com/en/for-all/our-mission-in-action/our-unique-company/alimentation-revolution/
56. https://www.fooddive.com/news/danone-completes-acquisition-of-organic-foods-producer-whitewave/440356/
57. https://www.reuters.com/article/us-danone-outlook-ceo/danone-looks-to-ride-healthy-food-revolution-wave-idUSKBN19D1GA
58. Ibid.
59. https://www.mckinsey.com/~/media/McKinsey/Business%20Functions/Sustainability/Our%20Insights/Toward%20a%20circular%20economy%20in%20food/Toward%20a%20circular%20

64. https://www.triodos-im.com/articles/projects/do-it
65. 旧社名はブリッジズ・ベンチャーズ。
66. https://www.bridgesfundmanagement.com/wp-content/uploads/2019/07/Bridges-Impact-Report-2019-web-print-3.pdf
67. https://www.linkedin.com/company/bridgesfundmanagement/?originalSubdomain=il
68. https://www.bridgesfundmanagement.com/our-story/
69. http://www.leapfroginvest.com/
70. http://www.dblpartners.vc/about/
71. https://www.crunchbase.com/organization/social-capital
72. http://www.aavishkaar.in/about-us.php#our-company

第4章

1. https://www.reuters.com/article/us-danone-outlook-ceo/danone-looks-to-ride-healthy-food-revolution-wave-idUSKBN19D1GA
2. https://www.youtube.com/watch?v=PhuEtyH6SK43
3. https://www.just-food.com/interviews/danone-ceo-emmanuel-faber-on-why-industry-mindset-on-health-and-sustainability-needs-to-change-just-food-interview-part-one/
4. Ibid.
5. Ibid.
6. https://www.economist.com/business/2018/08/09/danone-rethinks-the-idea-of-the-firm
7. https://www.businessroundtable.org/business-roundtable-redefines-the-purpose-of-a-corporation-to-promote-an-economy-that-serves-all-americans
8. https://www.businessroundtable.org/about-us
9. https://www.oecd.org/inclusive-growth/businessforinclusivegrowth/
10. https://www.oecd.org/newsroom/top-global-firms-commit-to-tackling-inequality-by-joining-business-for-inclusive-growth-coalition.htm
11. https://www.unilever.com/sustainable-living/reducingenvironmental-impact/greenhouse-gases/innovating-to-reducegreenhouse-gases/#244-
12. http://www.buycott.com/
13. https://www.globalcitizen.org/en/content/buycott-consciousconsumer-app-of-the-week/
14. http://www.buycott.com/faq
15. http://www.mtv.com/news/2682766/buycott-app-wheregroceries-come-from/
16. https://www.accenture.com/t20181205T121039Z__w__/us-en/_acnmedia/Thought-Leadership-Assets/PDF/Accenture-CompetitiveAgility-GCPR-POV.pdf#zoom=50
17. https://www.theguardian.com/society/2017/may/17/coca-cola-says-sugar-cuts-have-not-harmedsales
18. https://www.confectionerynews.com/Article/2018/05/18/Nestle-to-cut-more-sugar-and-salt-in-packaged-foods
19. https://www.just-food.com/news/mars-launches-healthysnacks-goodnessknows_id130089.aspx
20. https://www.foodbev.com/news/mars-buys-minoritystake-kind-response-healthier-snacking/
21. 2018年現在、イギリス、アイルランド、ドイツ、フランス、オランダ、スイス、ブラジル、アルゼンチン、ウルグアイで販売されている。
22. Ibid.
23. https://www.nestle.com/csv/impact/environment
24. https://www.environmentalleader.com/2009/05/new-dasani-bottle-made-partially-of-plant-material/
25. https://www.environmentalleader.com/2015/06/coca-colaproduces-worlds-first-100-plant-basedpet-bottle/

31. http://www.smf.co.uk/wp-content/uploads/2015/09/Social-Market-FoundationSMF-BSC-030915-Good-Pensions-Introducing-social-pension-funds-to-the-UK-FINAL.pdf
32. https://www.calpers.ca.gov/docs/forms-publications/facts-about.pdf
33. https://www.calpers.ca.gov/page/investments
34. https://www.prnewswire.com/news-releases/assets-of-the-1000-largest-us-retirement-plans-hit-record-level-300402401.html
35. https://www.businessinsider.co.za/climate-action-100-gets-energy-giants-to-commit-to-sustainbility-2019-5
36. https://www.calstrs.com/investments-overview
37. https://www.calstrs.com/sites/main/files/file-attachments/calstrs_21_risk_factors.pdf
38. https://hbr.org/2018/01/why-an-activist-hedge-fund-cares-whether-apples-devices-are-bad-for-kids
39. https://www.ai-cio.com/news/japans-government-pension-fund-returns-4-61--fiscal-q3
40. https://www.youtube.com/watch?v=lz26q6fZ6dk（2019年5月視聴）
41. https://www.reuters.com/article/us-japan-gpif-esg/japans-gpif-expects-to-raise-esg-allocations-to-10-percent-ftse-russell-ceo-idUSKBN19Z11Y
42. http://www.ftserussell.com/files/press-releases/worlds-largest-pension-fund-selects-new-ftse-russell-index-integrate-esg
43. https://www.msci.com/documents/10199/60420eeb-5c4e-4293-b378-feab6a2bf77f
44. https://www.verdict.co.uk/private-banker-international/news/exclusive-ubs-tops-2016-global-private-wealth-managers-aum-ranking/
45. https://www.businessinsider.com/ubs-impact-fund-investing-in-bono-2017-7
46. https://citywireamericas.com/news/ubs-wm-americas-appoints-head-of-sustainable-investing/a1005975
47. https://www.ubs.com/global/en/investor-relations/financial-information/annual-reporting/2018.html
48. https://www.ubs.com/global/en/wealth-management/chief-investment-office/investment-opportunities/sustainable-investing/2017/breaking-down-barriers-private-wealth-fund-sdgs.html
49. https://align17.com/
50. https://www.devex.com/news/usaid-announces-a-new-development-impact-bond-91621
51. https://www.thirdsector.co.uk/british-asian-trust-announces-worlds-largest-impact-bond-education/finance/article/1492576
52. https://www.frbsf.org/community-development/files/rikers-island-first-social-impact-bond-united-states.pdf
53. https://www.goldmansachs.com/media-relations/press-releases/current/gsam-announcement-7-13-15.html
54. https://www.fa-mag.com/news/goldman-says-esg-investing-has-gone-mainstream-35138.html?mod=article_inline
55. https://www.bloomberg.com/news/articles/2020-02-26/carlyle-breaks-from-pack-promising-impact-investing-across-firm
56. http://www.campdenfb.com/article/growth-millennial-driven-impact-investing-new-global-family-office-report-2017
57. https://www.morganstanley.com/articles/investing-with-impact
58. https://www.businesswire.com/news/home/20170613005829/en/Morgan-Stanley-Launches-Sustainable-Investing-Education-Financial
59. https://www.ft.com/content/f66b2a9e-d53d-11e8-a854-33d6f82e62f8
60. https://www.generationim.com/generation-philosophy/#vision
61. https://www.triodos-im.com/
62. https://www.crunchbase.com/organization/triodos-investment-management
63. https://www.triodos-im.com/articles/2018/credo-bank-in-georgia

2. https://www.climatebonds.net/2019/10/green-bond-issuance-tops-200bn-milestone-new-global-record-green-finance-latest-climate
3. https://www.climatebonds.net/files/reports/2019_annual_highlights-final.pdf
4. https://thegiin.org/assets/Sizing%20the%20Impact%20Investing%20Market_webfile.pdf
5. https://www.investopedia.com/advisor-network/articles/social-returns-just-important-millennial-investors/, https://onwallstreet.financial-planning.com/news/millennials-want-their-investing-to-make-a-difference（2016年発表）
6. http://www.businessinsider.com/meet-blackrocks-impact-investing-team-2016-6
7. https://www.theatlantic.com/business/archive/2017/11/resource-generation-philanthropy/546350/
8. https://www.theguardian.com/business/2019/dec/02/directors-climate-disclosures-tci-hedge-fund
9. http://people.stern.nyu.edu/adamodar/pdfiles/valrisk/ch4.pdf (p.8–12)
10. https://www.ifc.org/wps/wcm/connect/76e6607a-11a4-4ae8-a36c-7116b3d9dab3/Impactprinciples_booklet_FINAL_web_4-12-19.pdf?MOD=AJPERES
11. https://www.impactprinciples.org/signatories-reporting（2019年11月時点）
12. https://www.forbes.com/sites/bhaktimirchandani/2019/04/12/what-you-need-to-know-about-the-ifcs-operating-principles-for-impact-management/#7da3fd3126b7
13. https://www.ubs.com/global/en/wealth-management/uhnw/philanthropy/shaping-philanthropy.html, https://cpl.hks.harvard.edu/global-philanthropy-report-perspectives-global-financial-sector
14. https://www.willistowerswatson.com/en-CA/insights/2019/02/global-pension-assets-study-2019
15. https://bigsocietycapital.fra1.cdn.digitaloceanspaces.com/media/documents/Pensions_with_Purpose_Final.pdf, https://bigsocietycapital.com/latest/pensions-purpose/
16. https://www.top1000funds.com/analysis/2017/02/01/pggm-apg-lead-dutch-sustainability-push/
17. https://www.apg.nl/en/who-is-apg（2019年4月現在の運用資産）
18. https://www.sdgi-nl.org
19. https://news.impactalpha.com/dutch-pension-fund-moves-from-impact-alignment-to-impact-management-da2cab1c91c5
20. https://www.top1000funds.com/analysis/2017/02/01/pggm-apg-lead-dutch-sustainability-push/, https://www.top1000funds.com/analysis/2017/08/17/dutch-pension-funds-embrace-un-goals/
21. https://news.impactalpha.com/dutch-pension-fund-moves-from-impact-alignment-to-impact-management-da2cab1c91c5
22. https://www.ipe.com/countries/netherlands/engineering-scheme-introduces-real-assets-portfolio-targeting-25bn10031069.fullarticle
23. http://impactalpha.com/global-goals-european-pension-funds/
24. https://www.ipe.com/countries/netherlands/europes-biggest-pension-fund-to-cut-33bn-of-tobacco-nuclear-assets/10022647.article, https://www.ipe.com/countries/netherlands/pgb-to-ditch-tobacco-from-its-investment-universe/10021218.article
25. https://www.ipe.com/news/esg/uks-nest-adopts-climate-aware-fund-for-default-strategy/10017699.article
26. https://www.top1000funds.com/2016/12/hsbc-pensions-innovative-dc-offering/
27. https://www.ipe.com/pensions/investors/how-we-run-our-money-hsbc-uk-pension-scheme/10020454.article
28. https://pressroom.vanguard.com/nonindexed/HAS18062018.pdf
29. https://evpa.eu.com/uploads/documents/FR-Nugget-90-10-Funds.pdf
30. https://thephilanthropist.ca/2018/07/more-than-a-million-french-using-their-savings-for-social-good-a-novel-approach-to-impact-investing-in-france/

76. https://www.bostonglobe.com/metro/2017/07/23/fresh-start-for-boston-school-lunches/zt6N1DO2yFC5UwH2x0H1lM/story.html
77. https://www.fastcompany.com/3039619/revolution-foods
78. https://www.nytimes.com/2012/09/30/jobs/revolution-foods-chief-on-healthier-school-meals.html
79. http://time.com/2822774/revolution-foods-steve-case/
80. https://medium.com/kid-tech-by-collab-sesame/how-revolution-foods-is-democratizing-healthy-living-to-set-kids-up-for-success-b5184973e3e4
81. http://time.com/2822774/revolution-foods-steve-case/
82. Ibid.
83. https://www.fastcompany.com/3039619/revolution-foods
84. https://www.crunchbase.com/organization/revolution-foods
85. https://www.bizjournals.com/sanfrancisco/news/2019/01/10/can-healthy-school-lunches-be-a-1-billion-idea.html
86. https://www.revolutionfoods.com/blog/being-a-b-corp-qa-with-co-founder-kirsten-tobey/
87. https://medium.com/kid-tech-by-collab-sesame/how-revolution-foods-is-democratizing-healthy-living-to-set-kids-up-for-success-b5184973e3e4
88. https://medium.com/kid-tech-by-collab-sesame/how-revolution-foods-is-democratizing-healthy-living-to-set-kids-up-for-success-b5184973e3e4
89. https://bridgesisrael.com/nazid-impact-food/
90. https://www.marketwatch.com/story/this-startup-seeks-to-identify-water-problems-before-they-become-crises-2019-03-22
91. Ibid.
92. https://www.environmentalleader.com/2019/03/179490/
93. https://bombas.com/pages/about-us
94. https://www.elvisandkresse.com/pages/about-us-2
95. https://www.businessinsider.com/london-handbag-fire-hoses-recycled-fashion-accessories-sustainability-2019-5
96. Ibid.
97. Ibid.
98. https://www.bloomberg.com/news/articles/2019-04-17/tesla-s-first-impact-report-puts-hard-number-on-co2-emissions
99. https://thenextweb.com/cars/2018/06/05/this-indian-startup-is-taking-a-shot-at-becoming-the-tesla-of-electric-two-wheelers/
100. https://www.wsj.com/articles/the-fast-and-the-financed-chinas-well-funded-auto-startups-race-to-overtake-tesla-1513498338
101. https://www.bcorporation.net/what-are-b-corps
102. Bコープのリストは以下で参照できる。http://benefitcorp.net/
103. https://www.triplepundit.com/2014/03/emerging-legal-forms-allow-social-entrepreneurs-blend-mission-profits/
104. http://benefitcorp.net/policymakers/state-by-state-status
105. https://assets.publishing.service.gov.uk/government/uploads/system/uploads/attachment_data/file/727053/cic-18-6-community-interest-companies-annual-report-2017-2018.pdf, https://www.gov.uk/government/publications/cic-regulator-annual-report-2017-to-2018
106. https://www.ashoka.org/en-IL/about-ashoka
107. http://www.echoinggreen.org/about/
108. https://endeavor.org/global-board/linda-rottenberg/

第3章

1. http://www.gsi-alliance.org/wp-content/uploads/2019/03/GSIR_Review2018.3.28.pdf

41. https://www.reuters.com/article/us-paypal-tala/paypal-backs-emerging-markets-lender-tala-idUSKCN1MW1MT
42. https://medium.com/tala/with-65m-tala-goes-global-q-a-with-shivani-siroya-founder-ceo-and-female-founders-fund-5c4d0699f350
43. https://academic.oup.com/bioscience/article/67/4/386/3016049
44. https://www.theguardian.com/news/2018/mar/26/the-human-microbiome-why-our-microbes-could-be-key-to-our-health
45. https://www.youtube.com/watch?v=f_P1uoV8R6Q
46. https://www.indigoag.com/product-performance-data
47. https://agfundernews.com/breaking-indigo-raises-250m-series-e-adding-grain-marketplace-to-farm-services-platform.html
48. https://www.youtube.com/watch?v=f_P1uoV8R6Q
49. Ibid.
50. https://www.reuters.com/article/nigeria-unemployment-idUSL5N10T29Q20150902
51. https://www.techcityng.com/tolu-komolafe-andela-superwoman/
52. https://africacheck.org/reports/nigerias-unemployment-rate-18-8-widely-tweeted/
53. https://www.nytimes.com/2017/10/10/business/andela-start-up-coding-africa.html
54. https://www.cnn.com/videos/tv/2016/11/01/exp-gps-1030-andela-interview.cnn
55. https://medium.com/the-andela-way/hello-world-class-completing-the-andela-fellowship-ace88447d27e
56. https://borgenproject.org/tag/tolulope-komolafe/
57. https://venturebeat.com/2019/02/11/andela-will-use-ai-to-pair-african-developers-with-high-growth-startups/
58. https://www.bloomberg.com/news/articles/2019-01-23/al-gore-s-firm-leads-100-million-round-in-african-startup-andela
59. https://www.newyorker.com/magazine/2015/07/20/new-guys
60. https://www.ozy.com/rising-stars/if-she-has-her-way-the-next-bill-gates-will-come-from-lagos/71949
61. https://techcrunch.com/video/andelas-christina-sass-on-growing-tech-talent-in-africa/
62. Ibid.
63. https://www.forbes.com/sites/forbestreptalks/2018/01/12/andela-aims-to-solve-the-developer-shortage-with-tech-workers-from-africa/#45b9af91764e
64. https://techcrunch.com/video/andelas-christina-sass-on-growing-tech-talent-in-africa/
65. https://techmoran.com/2015/06/25/spark-capital-makes-first-african-investmentleads-series-a-funding-for-andela/
66. https://techcrunch.com/video/andelas-christina-sass-on-growing-tech-talent-in-africa/
67. https://www.prnewswire.com/news-releases/andela-raises-40m-to-connect-africas-engineering-talent-with-global-technology-companies-300533747.html
68. https://www.economist.com/special-report/2017/11/09/technology-may-help-compensate-for-africas-lack-of-manufacturing
69. https://www.bloomberg.com/news/articles/2019-01-23/al-gore-s-firm-leads-100-million-round-in-african-startup-andela
70. https://lifestyle.thecable.ng/tolu-komolafe-andela-programming/
71. https://www.washingtonpost.com/news/parenting/wp/2017/03/09/reading-writing-and-hunger-more-than-13-million-kids-in-this-country-go-to-school-hungry/
72. https://www.nytimes.com/2010/01/24/us/24sfpolitics.html?_r=0
73. https://www.washingtonpost.com/news/parenting/wp/2017/03/09/reading-writing-and-hunger-more-than-13-million-kids-in-this-country-go-to-school-hungry/
74. https://www.cdc.gov/features/school-lunch-week/index.html
75. https://www.nytimes.com/2012/09/30/jobs/revolution-foods-chief-on-healthier-school-meals.html

9. https://techcrunch.com/2019/05/17/ziplines-new-190-million-funding-means-its-the-newest-billion-dollar-contender-in-the-game-of-drones/
10. Ibid.
11. Ibid.
12. https://www.mirror.co.uk/tech/hi-tech-specs-allow-blind-7756188
13. https://www.orcam.com/en/media/blind-veteran-reads-to-his-sons-using-orcams-technology/
14. https://www.devdiscourse.com/article/international/473713-blind-and-visually-impaired-cast-their-ballots-unassisted-in-israel-election
15. https://www.ft.com/content/3d091920-0970-11e7-ac5a-903b21361b43
16. https://www.ft.com/content/b93ab27a-07e4-11e7-97d1-5e720a26771b
17. https://www.irishtimes.com/business/innovation/myeye-a-glimpse-of-the-future-for-visually-impaired-1.3380963
18. https://pressreleases.responsesource.com/news/96779/visually-impaired-student-is-achieving-independence-with-cutting-edge-artificial-vision/
19. https://www.reuters.com/article/us-tech-orcam-valuation/israeli-visual-aid-company-orcam-valued-at-1-billion-idUSKCN1G326E
20. Ibid.
21. https://www.news.com.au/technology/gadgets/wearables/the-breakthrough-of-the-21st-century-how-this-product-changed-a-blind-womans-life/news-story/74f9881ed0f6f87a8797842bd982d1da
22. https://www.eastersealstech.com/2019/01/04/atu397-carlos-pereira-founder-and-ceo-of-livox/
23. https://solve.mit.edu/challenges/teachers-and-educators/solutions/4677
24. https://www.weforum.org/agenda/2018/01/this-man-made-an-app-so-he-could-give-his-daughter-a-voice/
25. Ibid.
26. https://www.youtube.com/watch?v=MrpL6SrfgA8
27. https://solve.mit.edu/challenges/teachers-and-educators/solutions/4677
28. https://www.schwabfound.org/awardees/carlos-edmar-pereira
29. https://www.forbes.com/companies/tala/?list=fintech/#64ca4ec84c4d
30. https://www.fastcompany.com/40528750/these-entrepreneurs-are-taking-back-your-credit-score-from-the-big-credit-bureaus
31. Ibid.
32. https://techcrunch.com/2018/04/18/with-loans-of-just-10-this-startup-has-built-a-financial-services-powerhouse-in-emerging-markets/
33. https://www.forbes.com/companies/tala/?list=fintech/#64ca4ec84c4d
34. https://www.forbes.com/sites/forbestreptalks/2016/08/29/how-tala-mobile-is-using-phone-data-to-revolutionize-microfinance/#1f8f38f82a9f
35. https://www.fastcompany.com/40528750/these-entrepreneurs-are-taking-back-your-credit-score-from-the-big-credit-bureaus, https://www.forbes.com/sites/forbestreptalks/2016/08/29/how-tala-mobile-is-using-phone-data-to-revolutionize-microfinance/#1f8f38f82a9f
36. https://static1.squarespace.com/static/57687604579fb3ab71469c8f/t/5bdc851b21c67c47f9f9a802/1541178690584/Tala+Impact+Report+-+11.18.pdf
37. https://www.forbes.com/sites/forbestreptalks/2016/08/29/how-tala-mobile-is-using-phone-data-to-revolutionize-microfinance/#1f8f38f82a9f
38. https://www.devex.com/news/a-look-at-digital-credit-in-kenya-and-why-access-alone-is-not-enough-93748
39. https://static1.squarespace.com/static/57687604579fb3ab71469c8f/t/5bdc851b21c67c47f9f9a802/1541178690584/Tala+Impact+Report+-+11.18.pdf
40. https://tala-mobile.squarespace.com/series-c-release

原註

はじめに

1. https://www.ubs.com/global/en/wealth-management/uhnw/philanthropy/shaping-philanthropy.html, https://cpl.hks.harvard.edu/global-philanthropy-report-perspectives-global-financial-sector
2. https://www.academia.edu/32113970/IMPACT_INVESTMENT_THE_INVISIBLE_HEART_OF_MARKETS_Harnessing_the_power_of_entrepreneurship_innovation_and_capital_for_public_good
3. https://ssir.org/articles/entry/should_you_agitate_innovate_or_orchestrate

第1章

1. http://www.socialvalueuk.org/what-is-social-value/
2. https://www.forbes.com/top-public-companies/list/
3. http://www.bridgesfundmanagement.com/wp-content/uploads/2017/12/Bridges-Annual-Impact-Report-2017-v1-web.pdf, http://www.bridgesfundmanagement.com/bridges-annual-impact-report-2017/
4. 一定期間以上にわたり休眠状態だった口座から、請求基金に資金が移動される。
5. http://www.telegraph.co.uk/news/uknews/law-and-order/8110458/Three-in-four-offenders-stick-to-a-life-of-crime.html
6. https://data.ncvo.org.uk/a/almanac15/assets/
7. http://data.foundationcenter.org/
8. https://www.fnlondon.com/articles/why-sir-ronald-cohen-deserves-the-nobel-peace-prize-20170801
9. https://www.brookings.edu/research/impact-bonds-in-developing-countries-early-learnings-from-the-field/, https://www.gov.uk/guidance/social-impact-bonds#uk-government-outcomes-funds-for-sibs
10. https://www.wired.com/2015/03/opinion-us-embassy-beijing-tweeted-clear-air/
11. http://eprints.lse.ac.uk/65393/1/Assessing%20social%20impact%20assessment%20methods%20report%20-%20final.pdf
12. https://www.gov.uk/guidance/social-impact-bonds
13. http://www.globalvalueexchange.org/
14. http://www.globalvalueexchange.org/valuations/8279e41d9e5e0bd8499f2da3
15. https://www.unpri.org/signatories/signatory-directory
16. https://www.blackrock.com/hk/en/insights/larry-fink-ceo-letter

第2章

1. この冒頭のストーリーは以下より。Aryn Baker, 'Zipline's Drones Are Saving Lives', 31 May 2018. http://time.com/longform/ziplines-drones-are-saving-lives/
2. https://pando.com/2016/11/10/zipline/
3. Ibid.
4. Ibid.
5. Ibid.
6. https://www.modernghana.com/news/899872/from-muhanga-to-the-rest-of-rwanda-how-zipline-is-providing.html
7. https://dronelife.com/2018/04/04/zipline-announces-new-drones/
8. Ibid.

[著訳者紹介]

ロナルド・コーエン (Sir Ronald Cohen)

サー・ロナルド・コーエンはグローバル規模のインパクト革命を主導する先駆的な慈善家、社会イノベーターであり、ベンチャー・キャピタリスト、プライベート・エクイティ投資家でもある。現在はインパクト投資グローバル運営委員会(GSG)委員長およびポートランド・トラスト会長を務める。

社会的投資顧問会社ソーシャル・ファイナンスをイギリスとアメリカ、イスラエルで共同設立したほか、G8社会的インパクト投資タスクフォース(G8T)委員長(2013〜2015年)、イギリスの社会的投資タスクフォースの委員長(2000〜2010年)、英国ベンチャー・キャピタル協会創設会長、欧州ベンチャー・キャピタル協会会長を歴任。

エジプト生まれ。11歳のときに難民としてイギリスに渡る。オックスフォード大学卒業後、ハーバード・ビジネス・スクールでMBA取得。オックスフォード大学時代にはオックスフォード・ユニオンの会長を務めた。現在は、テルアビブ、ロンドン、ニューヨークを拠点として活動している。

斎藤聖美 (さいとう・きよみ)

1950年生まれ。慶應義塾大学経済学部卒。日本経済新聞社、ソニー勤務の後、ハーバード・ビジネス・スクールでMBA取得。モルガン・スタンレー投資銀行のエグゼクティブ・ディレクターなどを経て独立。数々の企業立ち上げに携わり、現在はジェイ・ボンド東短証券代表取締役。

インパクト投資

社会を良くする資本主義を目指して

2021年12月15日　　1版1刷

著　者	ロナルド・コーエン
訳　者	斎藤 聖美
発行者	白石　賢
発　行	日経BP 日本経済新聞出版本部
発　売	日経BPマーケティング 〒105-8308　東京都港区虎ノ門4-3-12

カバーデザイン	山之口正和（OKIKATA）
本文デザイン	山之口正和＋沢田幸平（OKIKATA）
DTP	アーティザンカンパニー
印刷・製本	中央精版印刷株式会社

ISBN978-4-532-35898-3

https://nkbp.jp/booksQA
Printed in Japan